Alexander von Boehmer

Internationalisierung industrieller Forschung und
Entwicklung

AF211973

Betriebswirtschaftslehre für Technologie und Innovation Band 13

Herausgegeben von Professor Dr. S. Albers, Professor Dr. A. Drexl, Professor Dr. J. Hauschildt, Professor Dr. R.A.E. Müller, Professor Dr. R. Schmidt, Professor Dr. R. Wolfrum.

Geschäftsführender Herausgeber: Professor Dr. Klaus Brockhoff, Institut für Betriebswirtschaftliche Innovationsforschung, Christian-Albrechts-Universität Kiel

In der Schriftenreihe

Betriebswirtschaftslehre für Technologie und Innovation

werden Ergebnisse von Forschungsarbeiten veröffentlicht, die sich in herausragender Weise mit Fragen des Managements neuer Technologien, der industriellen Forschung und Entwicklung und von Innovationen aus betrieblicher Perspektive beschäftigen. Die Reihe richtet sich an Leser in Wissenschaft und Praxis, die Anregungen für die eigene Arbeit und Problemlösungen suchen. Sie ist nicht auf Veröffentlichungen aus den Instituten der Herausgeber beschränkt.

Alexander von Boehmer

Internationalisierung industrieller Forschung und Entwicklung

Typen, Bestimmungsgründe und Erfolgsbeurteilung

DUV Deutscher Universitäts Verlag
GABLER · VIEWEG · WESTDEUTSCHER VERLAG

Die Deutsche Bibliothek — CIP-Einheitsaufnahme

Boehmer, Alexander von:
Internationalisierung industrieller Forschung und Entwicklung :
Typen, Bestimmungsgründe und Erfolgsbeurteilung /
Alexander von Boehmer. — Wiesbaden : DUV, Dt. Univ.-Verl.,
1995
  (Betriebswirtschaftslehre für Technologie und Innovation ; Bd. 13)
  (DUV: Wirtschaftswissenschaft)
  Zugl.: Kiel, Univ., Diss., 1994
  ISBN 978-3-8244-0255-7   ISBN 978-3-663-07765-7 (eBook)
  DOI 10.1007/978-3-663-07765-7
NE: 1. GT

Der Deutsche Universitäts-Verlag ist ein Unternehmen
der Bertelsmann Fachinformation.

© Deutscher Universitäts-Verlag GmbH, Wiesbaden 1995
Lektorat: Monika Mülhausen

Gedruckt auf chlorarm gebleichtem und säurefreiem Papier

ISBN 978-3-8244-0255-7

Vorwort

Die vorliegende Arbeit hat der Wirtschafts- und Sozialwissenschaftlichen Fakultät der Christian-Albrechts-Universität zu Kiel im Wintersemester 1994/95 als Dissertation vorgelegen. Für Anregung, stete Förderung und Unterstützung als Doktorand und ehemaliger wissenschaftlicher Mitarbeiter am Institut für betriebswirtschaftliche Innovationsforschung in Kiel sage ich Prof. Dr. Klaus Brockhoff meinen aufrichtigen Dank. Prof. Dr. Jürgen Hauschildt gebührt Dank für die Übernahme des Zweitgutachtens.

Den Anstoß zu dieser Arbeit erhielt ich während eines längeren Studien- bzw. Forschungsaufenthaltes an der Sloan School of Management des Massachusetts Institute of Technology (MIT) in Cambridge/USA. Wertvolle Hinweise beim Entstehen der Arbeit verdanke ich Prof. Dr. Nitin Nohria, Harvard Business School. Die empirische Erhebung in den USA und Großbritannien erfolgte in Kooperation mit Prof. Dr. Tom Allen, MIT, und Prof. Dr. Alan Pearson, Manchester Business School. Ihnen sei hierfür herzlich gedankt. Darüber hinaus danke ich den zahlreichen Unternehmen, die Daten zur Internationalisierung ihrer F+E-Aktivitäten zur Verfügung gestellt haben. Besonderer Dank gilt Dr. Henrik Sattler, Kiel, der durch eine Vielzahl fruchtbarer Anregungen und kritischer Diskussionen die Fertigstellung der Arbeit begleitet hat.

Alexander von Boehmer

Inhaltsverzeichnis

Abbildungsverzeichnis

1 Einleitung

In den vergangenen Jahren konnte man immer wieder den Schlagzeilen der Presse entnehmen, daß deutsche Chemie- und Pharmaunternehmen Teile ihrer Forschungs- und Entwicklungsaktivitäten - insbesondere auf dem Gebiet der Biotechnologie - ins Ausland, vornehmlich in die USA, verlagern.

> "Doch daß sich die BASF nun von widrigen Gesetzen und einem technikkritischen Klima aus der Heimat vertreiben läßt, ist allenfalls der kleinere Teil der Wahrheit. Tatsächlich können die deutschen Chemiekonzerne gar nicht anders, als sich in den Vereinigten Staaten zu engagieren, wenn sie in der neuen Zukunftstechnik des *genetic engineering* den Anschluß behalten wollen."[1]

Eine Vielzahl von Gründen können hierfür vermutet werden. In der gentechnologischen Forschung und Entwicklung (F+E) dürften die rechtlichen Rahmenbedingungen in den verschiedenen Ländern eine große Rolle spielen. Auch die Größe bzw. das Potential eines ausländischen Marktes ebenso wie der Zugang zu Stätten wissenschaftlich-technologischer Spitzenleistung können es erforderlich machen, daß Unternehmen eigene F+E-Anstrengungen im Ausland aufbauen bzw. erweitern.

Einige wenige Unternehmen haben bereits in den fünfziger und sechziger Jahren mit der Internationalisierung ihrer F+E-Aktivitäten begonnen. Besonders deutlich trat das Phänomen in den letzten Jahren hervor. Die Entwicklung scheint sich fortzusetzen. Auch japanische Unternehmen, die sich bisher eher zurückhaltend in der Verlagerung von F+E-Kapazitäten ins Ausland gezeigt haben, bauen nun verstärkt Forschungs- und Entwicklungsteams in Europa und den USA auf.[2]

Die F+E-Aktivitäten an den ausländischen Standorten sind in der Regel mit unterschiedlichen Aufgabenstellungen verbunden. Sie können der technischen Unterstützung der ausländischen Produktionsstätten dienen, indem Produkte und Produktionsprozesse den örtlichen Gegeben-

---

[1] Gehrmann (1988, Gen Amerika), S. 25.

[2] Vgl. Papanastassiou/Pearce (1994, Japanese Enterprises), Westney (1993, Japanese Firms), Serapio (1993, Japanese Investments), Ernst/Hilpert (1990, Direktinvestitionen), Herbert (1989, Japanese R&D) und De Meyer/Mizushima (1989, Global R&D).

heiten angepaßt werden. Andere Auslandstöchter verfügen über F+E-Kapazitäten, die neue Produkte eigens für den jeweiligen Auslandsmarkt entwickeln sollen. Ferner kann ausländischen Labors die Rolle zukommen, neues Wissen in bestimmten Bereichen zu generieren - auch im Verbund mit anderen F+E-Einheiten des Unternehmens im In- und Ausland. Unternehmen bauen so globale F+E-Netzwerke mit unterschiedlichen Typen von ausländischen F+E-Einheiten auf.[3] Diese Entwicklung scheint sich in Zukunft fortzusetzen.[4]

Ziel der Arbeit ist es, auf der Grundlage einer empirischen Erhebung in der Bundesrepublik Deutschland, den Vereinigten Staaten und Großbritannien

- die ausländischen F+E-Einheiten anhand verschiedener Variablen (wie z.B. Aufgabenstellung, Marktorientierung) zu beschreiben und unterschiedliche "Typen" zu identifizieren (Frage nach dem Was?),

- Bestimmungsgründe für die F+E-Tätigkeit im Ausland zu ermitteln (Frage nach dem Warum?) und

- den Erfolg der F+E-Einheiten zu bestimmen (Frage nach dem Wie?).

Die Fragen nach dem Was und Warum stehen im Vordergrund dieser Arbeit. Bei der Frage nach dem Wie soll der Versuch einer ersten Erfolgsmessung unternommen und potentielle Erfolgsunterschiede zwischen Typen von F+E-Einheiten aufgedeckt werden. Eine umfassende Erfolgsbeurteilung und -erklärung hinsichtlich der Organisation und Führung (Management) der Einheiten sind nicht Gegenstand der Betrachtung.

1.1 Empirische Bedeutung von Auslands-F+E

Für die zunehmende Verlagerung von F+E-Aktivitäten in Länder, die nicht den Firmensitz des Unternehmens - d.h. die Headquarters - darstellen, bilden die Einnahmen und Ausgaben der Bundesrepublik Deutschland mit dem Ausland für technische Forschung und Entwicklung erste

---

[3]   Vgl. Howells (1990, Networks). Zu den unterschiedlichen Typen ausländischer F+E-Einheiten siehe
        Pearce (1989, Internationalisation).

[4]   Laut Angabe von Unternehmensvertretern, vgl. Harris (1987/1988, Global Management) und Pearce/
        Singh (1992, Globalizing Research).

Indizien (siehe Abb. 1-1).[5] In den zehn Jahren von 1980 bis 1989 haben sich die Ausgaben für technische Forschung und Entwicklung, die im Ausland durchgeführt wurden, mehr als vervierfacht, d.h. deutsche Unternehmen haben ihre F+E-Anstrengungen für Projekte außerhalb Deutschlands deutlich gesteigert.[6] Gleiches gilt für ausländische Unternehmen, die mehr in F+E-Aktivitäten in Deutschland investiert haben: Die Ausgaben für derlei Aktivitäten erhöhten sich in demselben Zeitraum ebenfalls auf das Vierfache. Die internationale Arbeitsteilung auf dem Gebiet der Forschung und Entwicklung scheint somit weiter voranzuschreiten.

Es ist deutlich zu erkennen, daß auch der F+E-Bereich keine reine Headquarter-Funktion mehr ist. Auch wenn in vielen Unternehmen der größte Teil der F+E-Ausgaben im Land des Sitzes der Muttergesellschaft getätigt wird, so ist der Auslandsanteil doch nicht unerheblich.

---

[5] Die Angaben beruhen auf Meldungen gemäß der Außenwirtschaftsverordnung. Die Einnahmen und Ausgaben für technische F+E stellen neben dem Patent- und Lizenzverkehr ein weiteres Element der "Technologischen Zahlungsbilanz" dar, die als Teil der Zahlungsbilanz eines Landes die finanziellen Leistungen für die Übertragung technischen Wissens über Landesgrenzen hinweg abbildet. "Forschungs- und Entwicklungsleistungen: Sie betreffen vornehmlich Entgelte für die Entwicklung neuer Produkte und Verfahren einschließlich wissenschaftlicher Beratung." (Deutsche Bundesbank (1994, Technologische Dienstleistungen), S. 19).

[6] Den gesamten in Abb. 1-1 wiedergegebenen Zeitraum bis 1993 zu betrachten, ist nur bedingt möglich, da die Zahlen ab Juli 1990 auch die Einnahmen und Ausgaben der fünf neuen Bundesländer mit berücksichtigen. Der Trend der achtziger Jahre scheint sich zu Beginn der neunziger Jahre in der Bundesrepublik Deutschland fortzusetzen.

Abb.   1-1

Einnahmen und Ausgaben der Bundesrepublik[*] mit dem Ausland für technische Forschung und Entwicklung in den Jahren 1980 - 1993 (Transaktionen > DM 100.000)

Jahr	Einnahmen	Index	Ausgaben	Index	Saldo
1980	778	100	570	100	208
1981	877	113	677	119	200
1982	1108	142	776	136	332
1983	1402	180	922	162	480
1984	1485	191	904	159	581
1985	1636	210	1296	227	340
1986	1894	243	1480	260	414
1987	2227	286	1785	313	442
1988	2630	338	1733	304	897
1989	3111	400	2549	447	562
1990	3985	512	2674	469	1311
1991	3953	508	3257	571	696
1992	4178	537	4425	776	- 247
1993	4272	549	4367	766	- 95

[*]   ab Juli 1990 mit dem Gebiet der ehemaligen DDR

Quelle: für die Jahre 1980-1989: Monatsberichte der Deutschen Bundesbank
          7/1982, 7/1984, 5/1986, 5/1988, 5/1990;
          für die Jahre 1990-1993: Deutsche Bundesbank. Technologische Dienst-
          leistungen in der Zahlungsbilanz, Sonderveröffentlichung Mai 1994

1.2 Begriffsbestimmung

Unternehmen können Forschungs- und Entwicklungsaktivitäten auf verschiedene Art und Weise im Ausland durchführen. Neben Direktinvestitionen in eigene Tochterunternehmen kommen Joint Ventures, Konsortien oder andere Kooperationsformen in Betracht.[7] Ferner besteht die Möglichkeit, Forschungsaufträge an ausländische F+E-Einrichtungen wie etwa Universitäten zu vergeben. Die unterschiedliche rechtliche und institutionelle Ausgestaltung der genannten Möglichkeiten kann zu Beschränkungen in der Quantität und Qualität des Wissenserwerbs und des Wissens- bzw. Technologietransfers führen. Es erscheint somit sinnvoll, sich auf die Betrachtung einer der Möglichkeiten zu beschränken. Die vorliegende Arbeit beschäftigt sich ausschließlich mit solchen ausländischen F+E-Aktivitäten, die in hundertprozentigen Tochterunternehmen durchgeführt werden. Sie stellen die häufigste Form ausländischer F+E-Aktivitäten dar. Unter "F+E-Einheiten"[8] werden hierbei entweder F+E-Abteilungen, die Teil einer (Vertriebs- und/oder Produktions-)Niederlassung im Ausland sind, oder selbständige Labors im Ausland verstanden.

Der Begriff des "internationalen Unternehmens" wird von einer Reihe von Autoren auf Unternehmen bezogen, die über Auslandsaktivitäten verfügen.[9] Es stellt sich hierbei die Frage, welche Art von Auslandsaktivitäten umfaßt werden und ob diese ein bestimmtes Maß erreicht haben müssen, ehe von einem internationalen Unternehmen gesprochen werden kann. Die Literatur ist uneins darüber, ab welchem "Internationalisierungsgrad" ein Unternehmen als international zu betrachten ist.[10] Mit der qualitativen Orientierung an den Unternehmenszielen geht Perlitz über die quantitative Abgrenzung hinaus: "Demnach gilt eine Unternehmung dann als international, wenn die Auslandsaktivitäten zur Erreichung und Sicherstellung der Unternehmensziele von wesentlicher Bedeutung sind"[11]. Die vorliegende Arbeit folgt der Begriffsbestimmung von Perlitz. Der Begriff des globalen oder transnationalen Unternehmens wird in der amerikanischen Literatur weniger mit dem oben genannten institutionellen Aspekt belegt als vielmehr mit

---

7   Vgl. v. Boehmer/Brockhoff/Pearson (1992, Management), S. 495 f., und Chesnais (1988, Diffusion).

8   Es handelt sich hierbei bewußt nicht um einen unternehmensrechtlichen Begriff.

9   Vgl. Fayerweather (1989, Internationale Unternehmung); Pausenberger (1982, Internationale Unternehmung I); Pausenberger (1982, Internationale Unternehmung II); Pausenberger (1982, Internationale Unternehmung III); Dülfer (1991, Internationales Management).

10   Siehe Schmidt (1989, Internationalisierungsgrad) und Schmidt (1981, Messung).

11   Perlitz (1993, Internationales Management), S. 10; Perlitz weist selber auf das weiterhin bestehende Meßproblem hin.

einer bestimmten Art der Marktbearbeitung und Führung der Tochterunternehmen.[12] In dieser
Arbeit - wie in vielen anderen Arbeiten auch - werden die Begriffe internationales und multina-
tionales Unternehmen synonym gebraucht.

Wenn bei internationalen oder multinationalen Unternehmen von "Home Country" (Inland) gesprochen wird, wird damit das Land bezeichnet, in dem die Muttergesellschaft ihren Firmensitz
unterhält, d.h. wo die Headquarters angesiedelt sind.[13] Eine geographische Dezentralisierung
von F+E könnte auch bedeuten, daß ein Unternehmen innerhalb des Inlandes mehrere F+E-
Standorte unterhält. Diese Spielart der Regionalstruktur von F+E ist allerdings nicht Gegenstand der vorliegenden Arbeit.

1.3 Gang der Untersuchung

Die Arbeit ist in sieben Kapitel unterteilt. Das 2. Kapitel gibt einen Überblick über die bisher zur
Internationalisierung von F+E im hier interessierenden Sinne durchgeführten Studien und weist
auf Kritik und Defizite dieser Studien hin. Im darauffolgenden Kapitel wird die methodische
Vorgehensweise der dieser Arbeit zugrundeliegenden empirischen Untersuchung beschrieben.
Das 3. Kapitel schließt mit einer kurzen Charakterisierung des Samples der teilnehmenden Unternehmen. Die Befunde zur Aufgabenstellung und strategischen Rolle der F+E-Einheiten - d.h.
zu den unterschiedlichen Typen von Einheiten - werden im 4. Kapitel dargelegt. Gemeinsam-
keiten und Unterschiede zu anderen Klassifikationen werden herausgearbeitet. Kapitel 5 erörtert
Bestimmungsgründe ausländischer F+E-Tätigkeit. Die Betrachtung zielt auf die relative Bedeutung einzelner Faktoren für unterschiedliche Typen von ausländischen F+E-Einheiten ab. Das
6. Kapitel befaßt sich mit der Erfolgsbeurteilung der Einheiten. Im abschließenden 7. Kapitel
werden die Ergebnisse zusammengefaßt und offene Forschungsfragen diskutiert.

---

[12]   Z. B. bei Porter (1986, Competition); Bartlett/Ghoshal (1989, Transnational).

[13]   Es soll bereits an dieser Stelle darauf hingewiesen werden, daß in den folgenden Kapiteln "Home Country"
        nicht gleichzusetzen ist mit Bundesrepublik Deutschland. Es wurden Daten von multinationalen Unter-
        nehmen mit Sitz in den USA, Großbritannien und der Bundesrepublik Deutschland erhoben. Folglich kann
        sich "Home Country" auf diese drei Länder beziehen.

2 Forschen und Entwickeln im Ausland: eine Bestandsaufnahme anhand der Literatur

Dem Phänomen der ausländischen F+E-Aktivitäten von Unternehmen wurde in der Literatur bis vor wenigen Jahren nur geringe Aufmerksamkeit geschenkt. Erst in jüngster Zeit hat sich die Wissenschaft verstärkt damit auseinandergesetzt.[14] Als Folge wurden mehrere empirische Studien durchgeführt, deren Ergebnisse in diesem Kapitel dargestellt werden sollen. Das Kapitel folgt in seinem Aufbau der Fragestellung der vorliegenden Arbeit: Welche strategischen Aufgaben (Typen) werden von ausländischen F+E-Einheiten wahrgenommen (Kapitel 2.1), welche Gründe sprechen für die geographische Verteilung der F+E-Aktivitäten (Kapitel 2.2) und wie erfolgreich sind die Einheiten (Kapitel 2.3). In Kapitel 2.4 findet sich eine Zusammenstellung der Kritikpunkte und Defizite der bisherigen Studien, die als Ausgangspunkt der Konzeption der vorliegenden Studie dienen (Kapitel 2.5).

Einige empirische Untersuchungen erstrecken sich auf mehrere Fragestellungen. Folglich kann es vorkommen, daß auf ein und dieselbe Studie in verschiedenen Unterkapiteln Bezug genommen wird und diese Studie in mehrere tabellarische Übersichten aufgenommen wird.

2.1 Aufgaben und Typen

2.1.1 Überblick

In Abb. 2-1 sind die empirischen Studien zu Umfang und Typen ausländischer F+E-Einheiten nach dem Erscheinungsjahr chronologisch aufgeführt.[15] Die Literaturauswertung und -verdichtung erfolgt anhand folgender Kriterien:

---

[14] Granstrand/Håkanson/Sjölander (1992, Introduction) skizzieren einzelne Fragestellungen zur Internationalisierung von F+E und geben einen Überblick über verschiedene Studien; vgl. auch Granstrand/Håkanson/Sjölander (1992, Summary).

[15] Über die in der Übersicht aufgeführten Studien hinaus gibt es weitere Studien, die sich am Rande mit F+E im Ausland beschäftigen; siehe Pearce (1989, Internationalisation), S. 2 ff. und S. 35, für weiterführende Angaben.

- Studie: Der Name des Autors bzw. der Autoren, das Erscheinungsjahr der Untersuchung und der Kurztitel der Publikation identifizieren die Studie eindeutig.

- Stichprobe: Zur Charakterisierung der Stichprobe sind die Größe der Stichprobe, d.h. die Anzahl der an der Untersuchung teilnehmenden Unternehmen, die Regionalstruktur sowie eine eventuelle Angabe zu der Branchenstruktur aufgeführt.

- Untersuchungseinheit: Es kommen Branchen, Unternehmen oder einzelne ausländische F+E-Einheiten in Betracht.

- Erhebungsmethode: Hier finden sich Angaben darüber, ob es sich um die Erhebung von Primärdaten oder die Verwendung von Sekundärdaten handelt, wie die Daten erhoben wurden (im Interview, mit Hilfe eines Fragebogens) und wer befragt wurde. Ferner wird darauf hingewiesen, ob eine Fallstudie vorliegt.

- Erhebungsjahr: Jahr, in dem die Erhebung der Daten stattgefunden hat.[16]

- Analysemethode: Die statistischen Verfahren, die zur Analyse der Daten herangezogen wurden, werden angegeben.

- Untersuchungsziel und Befunde: Hier werden die Ziele der Untersuchung und die wichtigsten Ergebnisse kurz dargestellt.

---

[16] Bei einigen wenigen Studien ist das Erhebungsjahr nicht in den tabellarischen Übersichten aufgeführt, da es den Veröffentlichungen nicht zu entnehmen ist.

Abb. 2-1

Empirische Studien zu Umfang und Typen ausländischer F+E-Einheiten

Studie	Stichprobe und Untersuchungseinheit	Erhebungsmethode, -jahr und Analysemethode	Untersuchungsziel und Befunde
Cordell (1971, Multinational Firm)	50 kanadische bzw. ausländische Tochterunternehmen in Kanada Unternehmen, ausländische F+E-Einheit	Interviews, Fragebogen, vereinzelt auch bei Muttergesellschaften in USA und Europa deskriptive Statistik	Zwei Typen ausländischer F+E-Einheiten in Kanada identifiziert: a) Support Laboratories b) International Interdependent Laboratories
Creamer (1976, Overseas Research)	179 Unternehmen in USA (Fortune 1000) Unternehmen	Fragebogen (1973) deskriptive Statistik	Quantifizierung von Auslands-F+E: Art (Basic, Applied, Development), Finanzierung, Branche, Kosten, Größe
Ronstadt (1977, Research)	7 amerikanische multinationale Unternehmen mit 55 ausländischen F+E-Einheiten ausländische F+E-Einheit	60 Interviews (1974), Fallstudien deskriptive Statistik	4 Typen ausländischer F+E identifiziert: a) Technology Transfer Units (TTU) b) Indigenous Technology Units (ITU) c) Global Technology Units (GTU) d) Corporate Technology Units (CTU) Eine Reihe von Einheiten änderten im Zeitablauf ihre Bestimmung. Für den größten Teil der TTUs konnte ein evolutionärer Verlauf hin zu ITUs, für einige TTUs bis hin zu GTUs festgestellt werden. Der Zielwandel ging mit einem Anwachsen des F+E-Personals einher. Die 13 akquirierten Einheiten (alle aus nicht-technologischen Gründen erworben) wichen von den anderen 42 Einheiten hinsichtlich des evolutionären Verhaltens ab.

Fortsetzung Abb. 2-1:   Empirische Studien zu Umfang und Typen ausländischer F+E-Einheiten

Studie	Stichprobe und Untersuchungseinheit	Erhebungsmethode, -jahr und Analysemethode	Untersuchungsziel und Befunde
Behrman/Fischer (1980, Overseas R&D) und Behrman/Fischer (1980, Market Orientation)	35 amerikanische Unternehmen (31 davon mit 106 ausländischen F+E-Einheiten) und 18 europäische Unternehmen (16 davon mit 100 Einheiten) Unternehmen, ausländische F+E-Einheit	strukturierte Interviews mit F+E-Managern der Muttergesellschaft (1978) und 3 Fallstudien deskriptive Statistik	Die Marktorientierung der Muttergesellschaft (Heimat-, Gastland, Weltmarkt) dient als Unterscheidungskriterium für Standort und "mission" von Auslands-F+E. Gastland-orientierte Unternehmen verfügen über Hauptanteil an Neuprodukt-F+E im Ausland. Weltmarktunternehmen unterhalten in der Regel Einheiten mit "new product and exploratory research".
Pausenberger (1982, Technologiepolitik)	19 deutsche und deutschniederländische Untern. Unternehmen	Fragebogen deskriptive Statistik	Im Jahr 1979 betrug der Auslandsanteil des F+E-Aufwandes am Gesamt F+E-Budget im Durchschnitt 11%. Der Auslandsanteil des F+E-Personals belief sich auf 15%.
Wortmann (1990, German Companies)	23 deutsche Unternehmen 12 ausländische Tochtergesellsch. in Deutschland Unternehmen, ausländische F+E-Einheit	Sekundärdaten, Fragebogen, 9 Interviews, Fallstudien deskriptive Statistik	Für das Jahr 1983 wurde ein Auslandsanteil des F+E-Personals von durchschnittlich 17% ermittelt.
Brockhoff (1990, Stärken und Schwächen) und Brockhoff/ v. Boehmer (1993, Global R&D)	269 Industrieunternehmen in Deutschland Unternehmen	Fragebogen (1988) deskriptive Statistik	Im Jahr 1987 wurden durchschnittlich 17% des F+E-Budget im Ausland aufgewandt. Der Anteil der im Ausland beschäftigten F+E-Mitarbeiter lag bei 11% bzw. 17% je nach zugrundegelegter Betrachtungsweise.

Fortsetzung Abb. 2-1: Empirische Studien zu Umfang und Typen ausländischer F+E-Einheiten

Studie	Stichprobe und Untersuchungseinheit	Erhebungsmethode, -jahr Analysemethode	Untersuchungsziel und Befunde
Pearce/Singh (1992, Globalizing Research)	133 ausländische F+E-Einheiten (von Fortune 500 Unternehmen) ausländische F+E-Einheit	Fragebogen (1989/90) deskriptive Statistik	Beschreibung hinsichtlich Standort, Größe, Alter, Eintrittsmodus und Art der F+E Klassifikation* wurde vorgegeben, Zuordnung erfolgte durch Befragte selbst: Support Laboratory (SL), Locally Integrated Laboratory (LIL), International Interdependent Laboratory (IIL).
Håkanson/Nobel (1993, Foreign Research)	151 ausländische F+E-Einheiten von 20 schwedischen Unternehmen ausländische F+E-Einheit	Fragebogen (1988) Faktorenanalyse, Clusteranalyse	Beschreibung hinsichtlich Standort, Größe, Eintrittsmodus und Art der F+E Klassifikation anhand der Motive für den Aufbau von F+E im Ausland (21 Motive auf 4 Faktoren verdichtet, die 5 Cluster ergaben): Multi-Motive Units, Market Oriented Units, Politically Motivated Units, Research Units, Production Support Units
Papanastassiou/ Pearce (1994, Japanese Enterprises)	19 F+E-Einheiten japanischer Unternehmen in Großbritannien; japanische Unternehmen ausländische F+E-Einheit	Fragebogen (1992/93), Sekundärdaten deskriptive Statistik	Beschreibung hinsichtlich Standort, Größe, Alter, Eintrittsmodus und Art der F+E Klassifikation* wurde vorgegeben, Zuordnung erfolgte durch Befragte selbst: Support Laboratory (SL), Locally Integrated Laboratory (LIL), International Interdependent Laboratory (IIL).

* Klassifikation beruht auf Cordell (1971, Multinational Firm), Cordell (1973, Science Policy), Hood/Young (1982, Multinational R&D); siehe auch Pearce (1989, Internationalisation).

Die Autoren früher Studien waren vielfach darum bemüht, eine Quantifizierung ausländischer F+E-Aktivitäten vorzunehmen: Fragen nach dem Umfang (wie etwa dem Anteil des im Ausland anfallenden F+E-Aufwandes oder der im Ausland beschäftigten F+E-Mitarbeiter), der Finanzierung oder der Regionalstruktur (in welchen Ländern befinden sich die F+E-Einheiten) standen im Vordergrund.[17] Es wird deutlich, daß im Laufe der Jahre der relative Anteil an ausländischen F+E-Aktivitäten zugenommen hat. Zu den Branchen mit hohem Internationalisierungsgrad zählen die Chemische, Pharmazeutische und Elektrotechnische Industrie. Die Standorte liegen hauptsächlich in Industrieländern; Entwicklungs- und Schwellenländer verfügen über deutlich weniger F+E-Einheiten ausländischer Unternehmen, wobei Schwellenländer vermehrt Ziel solcher Aktivitäten geworden sind.[18]

Die Aufnahme von F+E-Aktivitäten im Ausland erfolgt oftmals im Wege des Aufbaus einer F+E-Abteilung an einem Standort, an dem das Unternehmen bereits Aktivitäten, wie z.B. eine Produktionsstätte, unterhält, oder der Neugründung eines Labors "auf der grünen Wiese". Schließlich sind F+E-Einheiten im Ausland das Ergebnis von Unternehmenskäufen.[19] Bei Akquisitionen, die aus technologischen Gründen vorgenommen werden[20], läßt sich aus Sicht des F+E-Managements noch von einem geplanten, langfristigen Vorgehen sprechen, so wie es für die Standortentscheidung als Teil der Grundsatzplanung[21] zu erwarten ist. Hingegen trifft dieses Bild bei Akquisitionen aus nicht-technologischen Motiven nicht mehr zu.

Die ausländischen F+E-Einheiten verfolgen unterschiedliche Zielsetzungen und Aufgabenstellungen. Bestimmte Typen[22] von Einheiten konnten identifiziert werden, wobei sich die Studien hinsichtlich der Methodik der Identifikation voneinander unterscheiden.

---

17   Darin liegt vor allem das Verdienst von Creamer (1976, Overseas Research). Quantitative Angaben zu
       deutschen Unternehmen bieten Pausenberger (1982, Technologiepolitik), Wortmann (1990, German
       Companies); vgl. auch Jungnickel/Krägenau/Lefeldt/Holthus (1977, Einfluß), Oesterheld/Wortmann
       (1988, Internationalisierung) und Dörrenbächer/Wortmann (1991, Internationalisierung). Siehe Brockhoff/
       v. Boehmer (1993, Global R&D) für einen Überblick über Untersuchungen zu deutschen Unternehmen.

18   Vgl. Meyer-Stamer (1991, Elektronikindustrie).

19   Vgl. Ronstadt (1977, Research), De Meyer/Mizushima (1989, Global R&D), Håkanson/Zander (1988,
       Swedish Experience).

20   Zu Wissenserwerb durch Unternehmenskäufe siehe Süverkrüp (1992, Unternehmensakquisitionen).

21   Siehe Brockhoff (1992, Forschung und Entwicklung), S. 100 ff.

22   In der englischsprachigen Literatur finden sich unterschiedliche Begriffe: Behrman/Fischer (1980, Overseas
       R&D) sprechen von "mission", Ronstadt (1977, Research) von "purpose", Pearce (1989, Internationalisa-
       tion) von "types".

Aufgrund von Fallstudien bestimmt Ronstadt[23] vier Typen von Einheiten: Transfer Technology Units (TTU) unterstützen Auslandstöchter beim Transfer von Produktionstechnologie von der amerikanischen Muttergesellschaft und leisten technischen Service für ausländische Kunden. Indigenous Technology Units (ITU) entwickeln neue Produkte speziell für den ausländischen Markt. Die Zielsetzung von Global Technology Units (GTU)[24] liegt in der Entwicklung neuer Produkte und Prozesse für den gleichzeitigen Einsatz in den wichtigsten Märkten des Unternehmens weltweit. Corporate Technology Units (CTU) dienen der Erforschung neuer Technologien für das Headquarters-Labor der Muttergesellschaft.

Cordell erkennt in einer Untersuchung von F+E-Einheiten in Kanada zum einen solche Einheiten, die Produkte an lokale Bedürfnisse anpassen und den Transfer von Produktionstechnologie gewährleisten (Support Laboratory), zum anderen forschungsorientierte Labore, deren Ergebnisse unternehmensweit (also über die kanadische Grenze hinweg) für die Entwicklung neuer Produkte verwendet werden können (International Interdependent Laboratory).[25]

Pearce nimmt eine Differenzierung von Cordells Klassifizierung vor.[26] Auf der Grundlage der Aufgabenstellung und der organisatorischen Einbindung (organizational linkages) leitet Pearce zusätzlich zum Support Laboratory und International Interdependent Laboratory das Locally Integrated Laboratory ab, welches sich vornehmlich der Neuproduktentwicklung für den lokalen Markt widmet. Diese Klassifikation wurde den Befragten vorgegeben, die ihre Labore dann selbst zuordnen sollten.

Håkanson/Nobel stellen bei der Bestimmung unterschiedlicher Typen auf die Motive ab, die zur Errichtung der Einheit geführt haben.[27] Mit Hilfe von Faktoren- und Clusteranalyse ermittelten

---

[23]   Vgl. Ronstadt (1977, Research). In einer späteren Veröffentlichung bezeichnen Ronstadt/Kramer die vier Typen als:
       1) Technical Service or Support Labs,
       2) National or "Regional" Labs,
       3) Multinational Labs und
       4) Corporate Research Labs.
       (Ronstadt/Kramer (1983, Internationalizing Innovation), S. 8).

[24]   Die fünf GTUs stammen alle von nur einem Unternehmen, IBM.

[25]   Vgl. Cordell (1971, Multinational Firm), S. 43 ff.

[26]   Neben Cordell (1973, Science Policy) finden Hood/Young (1982, Multinational R&D) Berücksichtigung; vgl. Pearce (1989, Internationalisation).

[27]   Vgl. Håkanson/Nobel (1993, Foreign Research). Das Vorgehen wirft zwei methodische Fragen auf. Zum einen dürfte es schwierig sein, die ursprüngliche Motivation bzw. Begründung für den Aufbau der Einheit zu erfassen, da der Zeitpunkt in einigen Fällen viele Jahre zurückliegt und die Befragten im Zweifel nicht

sie fünf Typen: Production Support Units, Market Oriented Units, Research Units, Multi-Motive Units, Politically Motivated Units. Die letztgenannten Einheiten suchten vor allem einen Zugang zum EG-Binnenmarkt. Der Faktor "Politische Gründe" dürfte mit der Zeit an Bedeutung verlieren, insbesondere durch den Beitritt Schwedens zur Europäischen Union.[28] Bei Multi-Motive Units, die etwa ein Drittel des Samples betreffen, dominiert keiner der vier Faktoren. In Ermangelung zusätzlicher Informationen werten Håkanson/Nobel dies als Ausdruck für einen vielschichtigen Typ.

Die Befunde der aufgeführten Studien scheinen auf drei Aufgabenstellungen bzw. Typen von Einheiten hinzudeuten: (1) Unterstützung vorhandener Produktionsstätten, (2) Produktentwicklung für den lokalen Markt, (3) langfristige Forschungstätigkeit. Auf diese Typen soll etwas näher eingegangen werden.

2.1.2 Einheiten zur Unterstützung der Produktion

Bei Einheiten zur Unterstützung der Produktion handelt es sich um einen häufig auftretenden Typ, der in der Regel in unmittelbarer Nähe von Produktionsstätten zu finden ist. Die F+E-Mitarbeiter leisten Unterstützung bei der Übertragung der Produktionstechnologie der Muttergesellschaft auf die lokalen Bedingungen, führen den technischen Service für die ausländischen Kunden durch und passen die Produkte an die lokalen Bedürfnisse und Erfordernisse an.[29] Sie übernehmen die Technologie der Muttergesellschaft, es wird keine eigene Technologie entwickelt. Transfer Technology Units[30], Support Laboratories[31] und Production Support Units[32] zählen zu diesem Typ von Einheit. Sofern sich besondere Marktchancen ergeben bzw. sich be-

---

an dem damaligen Entscheidungsprozeß beteiligt waren. Zum anderen kann sich eine Einheit seit dem Zeitpunkt ihrer Errichtung in ihrer Zielsetzung gewandelt haben, was unberücksichtigt bleibt.

[28]   In einer Untersuchung von Akquisitionszielsetzungen konnte Süverkrüp den Bedeutungsverlust des politischen Faktors nach 1981 für deutsche Unternehmen feststellen; siehe Süverkrüp (1992, Unternehmensakquisitionen), S. 112.

[29]   Zu Fragen der Technologieanpassung siehe u.a. Volkmann (1982, Technologieübertragung).

[30]   Vgl. Ronstadt (1977, Research).

[31]   Vgl. Pearce (1989, Internationalisation).

[32]   Vgl. Håkanson/Nobel (1993, Foreign Research).

sonderes technisches Know-How angesammelt hat, kann sich die Aufgabenstellung auf die Entwicklung eigener Produkte erweitern (siehe Kapitel 2.1.5).

2.1.3 Einheiten zur Entwicklung neuer Produkte und Prozesse

Die F+E-Kapazitäten sind so ausgestaltet, daß neue Produkte bzw. Prozesse eigens für den lokalen bzw. regionalen Markt entwickelt werden. Die Arbeit beruht nicht mehr ausschließlich auf der Technologie der Muttergesellschaft; eigene Entwicklungen finden statt, die womöglich auch an anderen Stellen des Unternehmens, sei es bei der Muttergesellschaft oder anderen Tochterunternehmen, Verwendung finden können.[33] Gute Kenntnisse des lokalen Marktes liegen vor. Der betreffende Markt weist eine vielversprechende Größe bzw. ein hohes Wachstumspotential auf. Die Nähe zu Produktionsstandorten ist vielfach gegeben. Indigenous Technology Units[34], Locally Integrated Laboratories[35] und Market Oriented Units[36] sind diesem Typ zuzurechnen. Global Technology Units[37] können teilweise ebenfalls hierunter fallen, sofern sich die Marktorientierung auf den Weltmarkt bezieht.

2.1.4 Forschungsorientierte Einheiten

Corporate Technology Units[38], International Interdependent Laboratories[39] und Research Units[40] sind mit langfristigen Forschungsfragen betraut. Sie führen einen Teil des weltweiten Forschungsprogramms des Unternehmens aus und stehen so in regem Austausch mit anderen F+E-Einheiten des Unternehmens. Es können sich sog. Centers of Excellence herausbilden.

---

33 Vgl. zum Technologietransfer von ausländischen Tochterunternehmen zu ihren Muttergesellschaften Mansfield/Romeo (1984, Transfers).

34 Vgl. Ronstadt (1977, Research).

35 Vgl. Pearce (1989, Internationalisation).

36 Vgl. Håkanson/Nobel (1993, Foreign Research).

37 Vgl. Ronstadt (1977, Research).

38 Vgl. Ronstadt (1977, Research).

39 Vgl. Pearce (1989, Internationalisation).

40 Vgl. Håkanson/Nobel (1993, Foreign Research).

Global Technology Units weisen teilweise Züge auf, die sie als forschungsorientierte Einheiten erscheinen lassen.

2.1.5 Evolution

F+E-Einheiten können im Laufe der Zeit Aufgabenstellung und strategische Stoßrichtung ändern. Ronstadt[41] beobachtete einen evolutionären Verlauf von Transfer Technology Units zu Indigenous Technology Units und teilweise weiter zu Global Technology Units. Der evolutionäre Gedanke weist eine Nähe zu Vernons Konzept des internationalen Produktzyklus auf.[42] Es ist anzuzweifeln, daß eine solche evolutionäre Entwicklung von F+E-Einheiten heute noch Bestand hat; die Globalisierung der Märkte und die strategische Bedeutung der Faktoren Zeit und Technologie für die Wettbewerbsfähigkeit von Unternehmen lassen eine allmähliche Wandlung von Einheiten hin zu der gewünschten strategischen Stoßrichtung kaum zu. Einheiten dürften eher direkt (ohne großen Zeitverlust) mit der vorgesehenen Aufgabenstellung plaziert werden. Die vorgebrachten Zweifel sind jedoch nicht dahingehend zu verstehen, daß Veränderungen in der Aufgabenstellung von F+E-Einheiten im Laufe der Zeit ausgeschlossen sind.[43]

2.1.6 Zusammenfassung

Die Befunde der bisherigen empirischen Studien weisen deutliche Ähnlichkeiten hinsichtlich der unterschiedlichen strategischen Aufgaben ausländischer F+E-Einheiten auf (siehe Abb. 2-2). Die Zuordnung von Einheiten zu bestimmten Typen kann im Einzelfall schwierig sein, insbesondere dann, wenn sich eine Einheit im Wandel befindet. Insofern haben die Studien nicht notwendigerweise Idealtypen erfaßt, sodaß strenggenommen hier nicht von Typologien sondern eher von Taxonomien gesprochen werden müßte.

---

41   Vgl. Ronstadt (1978, International R&D).

42   Vgl. Vernon (1966, Investment) und Vernon (1979, Product Cycle). Kritisch äußert sich Giddy (1978, Product Cycle Model).

43   Auch andere Studien stellten Veränderungen in der Aufgabenstellung und Zielsetzung von F+E-Einheiten im Laufe der Zeit fest; siehe Behrman/Fischer (1980, Market Orientations).

Abb.   2-2

Übersicht über Taxonomien

Ronstadt (1977, Research)	Pearce (1989, Internationalisation) Cordell (1971, Multinational Firm)	Håkanson/Nobel (1993, Foreign Research)
Technology Transfer Units	Support Laboratories	Production Support Units
Indigenous Technology Units	Locally Integrated Laboratories	Market Oriented Units
Global Technology Units	International Interdependent	Research
Corporate Technology Units	Laboratories	Units
		Multi-Motive Units
		Politically Motivated Units

Die meisten Studien gelangten über Beobachtung zu der jeweiligen Taxonomie. Lediglich Håkanson/Nobel ermittelten eine Taxonomie empirisch-statistisch anhand der Motive. Sie bezieht sich allerdings nur auf Unternehmen eines Landes (Schweden).

2.2 Bestimmungsgründe

Theoretische Erklärungsansätze für internationale Unternehmenstätigkeiten beschränken sich zum Großteil auf den Produktionsbereich (Direktinvestitionen in Produktionsstätten) oder den Absatzbereich (Exporte).[44] Für die Erklärung von F+E-Aktivitäten an ausländischen Standorten liegt ein deutliches Theoriedefizit vor.[45] Die im folgenden erörterten potentiellen Determinanten bzw. Bestimmungsgründe ausländischer F+E-Aktivitäten entstammen folglich keiner geschlossenen Theorie, sondern basieren auf dem Literaturstudium.[46] Es werden standort- und unternehmensspezifische Bestimmungsgründe unterschieden (Kapitel 2.2.1 und Kapitel 2.2.2).[47] Methodischen Anmerkungen zu den empirischen Studien (Kapitel 2.2.3) folgen Befunde zur empirischen Relevanz der Bestimmungsgründe (Kapitel 2.2.4).

2.2.1 Standortspezifische Bestimmungsgründe

Die Begründung für den Aufbau bzw. die Erweiterung von ausländischen F+E-Einheiten kann in der relativen Vorteilhaftigkeit des gewählten Standortes gegenüber anderen Standorten hinsichtlich bestimmter Merkmale liegen.[48] Im einzelnen können folgende standortspezifische Bestimmungsgründe unterschieden werden:

- Verfügbarkeit qualifizierter Arbeitskräfte:
  Wissenschaftler und Ingenieure mit einer bestimmten Qualifikation stehen nicht in ausreichender Anzahl oder überhaupt nicht in dem Land des Sitzes der Muttergesellschaft zur Verfügung. Für den Fall, daß die im Ausland verfügbaren Humanressourcen nicht am Standort der Headquarters arbeiten möchten, kann eine Verlagerung von F+E-Aktivitäten ins Ausland erfolgen.

---

[44]   Einen Überblick über Theorien zu ausländischen Direktinvestitionen gibt Stehn (1992, Direktinvestitionen).

[45]   Vgl. Freudenberg (1988, Entwicklungssysteme), Calvori/Schips (1991, Schweizerische Unternehmen).

[46]   Es geht hierbei nicht um die empirischen Studien, die weiter unten erörtert werden. Eine ausführliche Darstellung potentieller Bestimmungsgründe findet sich bei Freudenberg (1988, Entwicklungssysteme), Calvori/Schips (1991, Schweizerische Unternehmen). Vgl. auch Thomas (1975, Location), Terpstra (1977, Product Policy).

[47]   Standortspezifische Bestimmungsgründe können sich auch auf Staaten oder Staatenbunde beziehen. Unternehmensspezifische Bestimmungsgründe schließen eine Branchenbetrachtung ein.

[48]   Zu Standortfaktoren für F+E-Aktivitäten siehe u.a. Malecki (1980, Location).

- Technologisch-wissenschaftliche Infrastruktur:
  Die Nähe zu Stätten wissenschaftlich-technologischer Spitzenleistung, wie z.b. Universitäten und Forschungseinrichtungen, erleichtert den Zugang zu neuen Technologien.

- Marktcharakteristika:
  Die Größe des ausländischen Marktes, sein Wachstumspotential und die Verschiedenartigkeit zum Inlandsmarkt (Notwendigkeit zur Anpassung) können die Errichtung von Auslands-F+E bedingen (Nähe zum Kunden und "Lead User"[49]).

- Kosten:
  Neben Personalkosten sind hier die Kosten für Laboreinrichtungen, Versuchsgelände etc. von Interesse.[50]

- Staatliche Regulierungen und Fördermaßnahmen:
  Einerseits kann ein Staat durch Vorschriften und Auflagen die Unternehmenstätigkeit ausländischer Konzerne an Investitionen in F+E binden.[51] Andererseits sollen finanzielle Anreize wie Steuererleichterungen[52] und staatliche Forschungsförderprogramme ausländische Investoren anlocken. Ferner können die rechtlichen Rahmenbedingungen zum Schutz geistigen Eigentums (z.B. Patent- und Urheberrecht) und zur Zulassung bestimmter Produkte (z.B. Arzneimittel) einen Einfluß ausüben.

- Weitere standortspezifische Faktoren:
  Hierzu zählen etwa die Nähe zu Lieferanten und das Vorhandensein von F+E-Einheiten von Konkurrenten. Von Bedeutung sind ferner die öffentliche Meinung zu bestimmten Technologien (Beispiel Bio- oder Gentechnologie) bzw. die generelle Technikakzeptanz in der Gesellschaft. Auch der Wunsch nach Reduzierung von Ungewißheit (hinsichtlich des Markterfolges und des technologischen Erfolges) kommt als möglicher Faktor in Betracht.[53]

---

[49] Vgl. v. Hippel (1986, Lead Users).

[50] Über die Labor- und Personalkosten hinaus läßt sich die Entscheidung zur Verlagerung von F+E-Aktivitäten ins Ausland auch im Sinne von Transaktionskosten betrachten; vgl. hierzu den Vorschlag von Pearson/Brockhoff/v. Boehmer (1993, Decision Parameters).

[51] "Local Content"-Regelungen oder Verwendung von "blocked funds", Stoll (1994, Technologietransfer); ein weiteres Beispiel stellen die Erdölaktivitäten ausländischer Unternehmen in Norwegen dar. Einen Überblick über die europäische Rechtslage für das Technologiemanagement bieten v. Boehmer/Stoll (1993, Technologiemanagement).

[52] Z.B. bestimmte Abschreibungsmöglichkeiten für F+E, vgl. Huizinga (1992, Tax).

[53] Vgl. v. Boehmer/Brockhoff/Pearson (1992, Management) zu einer solchen Risikobetrachtung.

2.2.2 Unternehmensspezifische Bestimmungsgründe

Die Existenz ausländischer F+E-Aktivitäten kann neben standortspezifischen Gegebenheiten auch auf unternehmens- bzw. branchenbezogenen Charakteristika beruhen. Folgende unternehmensspezifischen Bestimmungsgründe kommen in Betracht:

- Ausländische Produktionsstätten:
  Wie bereits oben ausgeführt, können ausländische Produktionsstätten den Aufbau von F+E-Kapazitäten nach sich ziehen.

- Diseconomies und Economies of Scale:
  Der weitere Ausbau von bestehenden F+E-Einheiten kann zu Diseconomies of Scale führen.[54] Dies legt die Überlegung nahe, eine neue F+E-Einheit im Ausland zu errichten.

- Internationalisierungsgrad:
  Unternehmen, die bereits über Vertriebs- und Produktionsniederlassungen im Ausland verfügen und somit Erfahrungen mit internationaler Unternehmenstätigkeit aufweisen, mögen einer Internationalisierung des F+E-Bereiches aufgeschlossen gegenüberstehen.

- Unternehmensgröße/Umsatz:
  Große Unternehmen bzw. Unternehmen mit hohem Umsatz sind oftmals mit eigenen Produktions- und/oder Vertriebsniederlassungen im Ausland präsent; Auslandserfahrungen liegen vor. Die Verlagerung von F+E ins Ausland ist, wie bereits oben erwähnt, naheliegend.

- F+E-Intensität:
  Unternehmen bzw. Branchen mit hoher F+E-Intensität sind ständig bemüht, ihre technologische Wettbewerbsfähigkeit durch den Zugang zu neuen Technologien aufrechtzuerhalten. Der Gang ins Ausland mit F+E-Anstrengungen kann hier die geeignete Maßnahme darstellen (Senkung von Transferkosten).

- Autarkie- und Autonomiestreben der Tochtergesellschaften:
  Tochtergesellschaften eignen sich im Laufe der Zeit besondere Kenntnisse des lokalen bzw. regionalen Marktes an und verfügen oftmals aufgrund ihrer Größe (Umsatz-/

---

54   Vgl. Brockhoff (1992, Forschung und Entwicklung).

Gewinnanteil) über eine entsprechende Bedeutung im Unternehmensverbund. Zum Ausbau ihrer Position streben sie den Aufbau eigener F+E-Kapazitäten an.

- Weitere unternehmensspezifische Bestimmungsgründe:
  Hierzu zählt die Weiterführung von Einheiten, die aus Unternehmenskäufen bzw. -zusammenschlüssen resultieren.

2.2.3 Methodisches Vorgehen empirischer Studien

Die Studien zu den Bestimmungsgründen ausländischer F+E-Aktivitäten werden in Abb. 2-3 anhand der gleichen Kriterien analysiert, wie sie bereits oben in Kapitel 2.1.1 erläutert worden sind.

Abb. 2-3

Empirische Studien zu Bestimmungsgründen ausländischer F+E-Einheiten

Studie	Stichprobe und Untersuchungseinheit	Erhebungsmethode, -jahr Analysemethode	Untersuchungsziel und Befunde
Ronstadt (1977, Research)	7 amerikanische multinationale Unternehmen mit 55 ausländischen F+E Einheiten — ausländische F+E-Einheit	60 Interviews (1974), Fallstudien — deskriptive Statistik	Nicht dem F+E Bereich zuzurechnende Faktoren wie öffentliche Meinung, Regierungsabkommen sowie Anreize bzw. Druck von Seiten der Regierung führen für sich genommen weder zu einer Investition in Auslands-F+E noch zu einer Erweiterung bestehender Auslands-F+E noch zu einem Bestimmungsbzw. Zielwandel (Evolution) der ausländischen F+E-Einheit.
Mansfield/Teece/ Romeo (1979, Overseas Research)	35 amerikanische Unternehmen (zwei Stichjahre) — Unternehmen	Fragebogen — Regressionsanalyse	Der Anteil des im Ausland anfallenden F+E-Aufwandes ist signifikant abhängig vom Umsatz, der Branchenzugehörigkeit und dem Anteil des Auslandsumsatzes. Eine Aufspaltung zeigt einen positiven Zusammenhang mit dem Umsatzanteil ausländischer Tochterunternehmen und einen negativen mit dem Anteil des Exportumsatzes. Die ehemals deutlichen Kostenvorteile europäischer Länder gegenüber den USA belaufen sich 1975 auf nur noch 10%.

Fortsetzung Abb. 2-3: Empirische Studien zu Bestimmungsgründen ausländischer F+E-Einheiten

Studie	Stichprobe und Untersuchungseinheit	Erhebungsmethode, -jahr Analysemethode	Untersuchungsziel und Befunde
Lall (1979, Allocation)	28 Branchen in USA Branchen (drei Gruppen wurden gebildet: verfahrensorientierte, produktorientierte und sonstige Branchen)	Sekundärdaten (1966, US Department of Commerce) multiple Regressionsanalyse	Erklärung von Branchenunterschieden hinsichtlich des Anteils von Auslands-F+E an Gesamt-F+E Aufwand. Bei verfahrensorientierten Branchen tragen die internationale Erfahrung (Alter und Intensität anderer Auslandsaktivitäten) und Kostenvorteile zur Erklärung bei. Bei den produktorientierten Branchen zeigten die beiden Variablen keinen signifikanten Einfluß auf den F+E-Internationalisierungsgrad.
Behrman/ Fischer (1980, Overseas R&D) und Behrman/ Fischer (1980, Market Orientation)	35 amerikanische Unternehmen (davon 31 mit 106 ausländischen F+E-Einheiten) und 18 europäische Unternehmen (davon 16 mit 100 Einheiten) Unternehmen, ausländische F+E-Einheit	strukturierte Interviews mit F+E-Managern der Muttergesellschaft (1978) und 3 Fallstudien deskriptive Statistik	Bei Weltmarktunternehmen erklärt die technologische Angebotsstruktur die regionale Verteilung der Auslands-F+E. Bei Gastland-orientierten Unternehmen ist die Marktnähe oder das Autarkiestreben des Tochterunternehmens bedeutend. Bei Heimatland-orientierten Unternehmen spielt die Nähe zu den Produktionsstätten eine große Rolle.

Fortsetzung Abb. 2-3: Empirische Studien zu Bestimmungsgründen ausländischer F+E-Einheiten

Studie	Stichprobe und Untersuchungseinheit	Erhebungsmethode, -jahr Analysemethode	Untersuchungsziel und Befunde
Hewitt (1980, Research)	20 Branchen in USA Branchen	Sekundärdaten (1966) multiple Regressions-analyse	Erklärung von Branchenunterschieden hinsichtlich des im Ausland anfallenden F+E-Aufwandes.
			Auslandserfahrung (Alter) und Marktorientierung zeigen einen signifikanten Einfluß auf F+E-Dezentralisation. Hewitt stellt fest, daß Kostenfaktoren nur wenig Einfluß auf die Standortentscheidung haben können, da nur eine geringe nichterklärte Varianz für eine explizite Berücksichtigung einer Kostenvariable in Frage kommt.
Hirschey/Caves (1981, Research)	24 Branchen in USA Branchen	Sekundärdaten (1966) multiple Regressions-analyse	Erklärung von Branchenunterschieden hinsichtlich des im Ausland anfallenden F+E-Aufwandes
			Der im Ausland anfallende F+E-Aufwand ist signifikant abhängig von dem Anteil des Auslandsumsatzes, der Notwendigkeit zur lokalen Anpassung, dem Kostenfaktor und dem Ausmaß der Konzentration der Auslandsproduktion auf wenige große Einheiten. Der Anteil des Exports und Skaleneffekte weisen einen negativen Zusammenhang mit dem im Ausland anfallenden F+E-Aufwand auf.

Fortsetzung Abb. 2-3: Empirische Studien zu Bestimmungsgründen ausländischer F+E-Einheiten

Studie	Stichprobe und Untersuchungseinheit	Erhebungsmethode, -jahr Analysemethode	Untersuchungsziel und Befunde
Håkanson (1981, Organization)	60 schwedische Unternehmen Unternehmen	Fragebogen (1978) (multiple) Regressionsanalyse	Der Anteil des im Ausland anfallenden F+E-Aufwandes ist signifikant abhängig vom Anteil ausländischer Produktion, der Unternehmensgröße und dem Aufwand für die Entwicklung neuer Produkte und Prozesse im Unternehmen
Pausenberger (1982, Technologiepolitik)	19 deutsche und deutschniederländische Unternehmen Unternehmen	Fragebogen deskriptive Statistik	Gründe für Dezentralisation (in Rangfolge der Bedeutung): Verfahrens- und Produktanpassungen vor Ort, Aufnahme neuen technologischen Wissens im Ausland, Aufkauf von Unternehmen mit eigener F+E, Autarkie- und Autonomiestreben großer Produktionsgesellschaften, Unterstützung des Technologietransfers durch Schaffung eines kompetenten Ansprechpartners, politischer Druck bzw. staatliche Vergünstigungen im Gastland, Entwicklung umweltbezogener Problemlösungen, niedrigere Arbeitskosten für F+E-Personal im Ausland.
Håkanson (1983, Subsidiaries in Sweden)	99 Tochterunternehmen ausländischer Unternehmen in Schweden ausländische F+E-Einheit	Sekundärdaten (1977) (multiple) Regressionsanalyse	Die F+E-Intensität der Auslandstochter weist einen signifikant positiven Zusammenhang zum Alter und zur Größe der Auslandstochter und zum Alter der Produktionsstandorte in Schweden auf. Ferner tragen die Branche und der Grad der Integration zur Erklärung der F+E-Intensität bei.

Fortsetzung Abb. 2-3: Empirische Studien zu Bestimmungsgründen ausländischer F+E-Einheiten

Studie	Stichprobe und Untersuchungseinheit	Erhebungsmethode, -jahr Analysemethode	Untersuchungsziel und Befunde
Hewitt (1983, Canada)	3 US Branchen mit ihrem F+E-Aufwand in Canada (Chemie, Maschinenbau, Elektrotechnik) Branche	Sekundärdaten (1975 und 1977, Statistics Canada) multiple Regressionsanalyse	Erklärung von Branchenunterschieden hinsichtlich des Anteils der F+E der kanadischen Tochterunternehmen an Gesamt-F+E. Die Befunde von Hewitts Studie aus dem Jahr 1980 konnten nicht bestätigt werden.
Haug/Hood/Young (1983, R&D Intensity) und Haug/Pizzi (1985, Incentives)	15 Tochtergesellschaften amerikanischer elektrotechnischer Unternehmen in Schottland ausländische F+E-Einheit	strukturierte Interviews (1981) deskriptive Statistik	Der Aufbau und das Wachstum der ausländischen F+E-Aktivitäten lassen sich zum Großteil auf die Notwendigkeit zur Marktanpassung und das Alter der Tochterunternehmen zurückführen. Kostenüberlegungen und finanziellen Anreizen der schottischen Regierung wurde kaum Bedeutung beigemessen.
Harris (1987/1988, Global Management) und Perrino/Tipping (1989, Global Management)	16 amerikanische, europäische und japanische Unternehmen Unternehmen	122 Interviews mit Vertretern der Muttergesellschaft und einzelnen ausländischen F+E-Einheiten (1985) verbale Beschreibung	Wesentliche Gründe für ausländische F+E-Aktivitäten sind: Zugang zu Märkten und Kunden, Zugang zu Technologien, Reaktion auf spezifische lokale Anforderungen, Erfüllung staatlicher Auflagen, Bedarf an ausländischen Forschern.

Fortsetzung Abb. 2-3: Empirische Studien zu Bestimmungsgründen ausländischer F+E-Einheiten

Studie	Stichprobe und Untersuchungseinheit	Erhebungsmethode, -jahr Analysemethode	Untersuchungsziel und Befunde
Freudenberg (1988, Entwicklungssysteme)	4 schweizer Unternehmen 2 deutsche Unternehmen 2 europäische Tochtergesellschaften amerikanischer Unternehmen Unternehmen, ausländische F+E Einheit	semi-strukturierte Interviews: 36 bei Hoffmann/ La Roche (Mutter- und einzelne Tochtergesellschaften), 10 bei verbleibenden 7 Unternehmen verbale Beschreibung	Folgende Bestimmungsgründe werden erörtert (keine Rangfolge): Zugang zu neuen Technologien, Rekrutierung von wissenschaftlich qualifiziertem Personal, Anpassung von Technologien an lokale Marktbedingungen, Verbesserung des Technologietransfers zwischen F&E und lokaler Produktion, relative Kostenvorteile, abnehmende Skaleneffekte bei zentraler F&E, Autarkiestreben von Tochtergesellschaften, staatliche Interventionen, Weiterführung nach Akquisitionen und Zusammenschlüssen.
De Meyer/ Mizushima (1989, Global R&D)	7 europäische und 15 japanische Unternehmen Unternehmen	Fallstudien, Interviews mit F+E-Managern der Muttergesellschaft und einzelner ausländischer F+E-Einheiten verbale Beschreibung	Marktfaktoren, die technologische Angebotsstruktur im Ausland, Akquisitionen und teilweiser Mangel an F+E-Personal bei den Headquarters führen zu F+E-Aktivitäten im Ausland.
Mitchell (1989, Investigation)	52 amerikanische High-Tech Unternehmen (Chemie, Pharma, Computer, Instrumente) Unternehmen	Fragebogen (1988) deskriptive Statistik	Anhand einer Liste von 17 Items wurde nach den Gründen für die Aufnahme von Auslands-F+E gefragt (nach Häufigkeit der Nennung): Produktentwicklung für Auslandsmarkt, Unterstützung der Produktion, Durchführung vorgeschriebener lokaler Tests, Monitoring, Zugang zu Universitäten, Zugang zu neuen Ideen von ausländischem F+E-Personal.

Fortsetzung Abb. 2-3: Empirische Studien zu Bestimmungsgründen ausländischer F+E-Einheiten

Studie	Stichprobe und Untersuchungseinheit	Erhebungsmethode, -jahr Analysemethode	Untersuchungsziel und Befunde
Pearce (1989, Internationalisation)	30 Branchen in USA Branchen (drei Gruppen wurden gebildet: verfahrensorientierte, produktorientierte und sonstige Branchen)	Sekundärdaten (1982, US Department of Commerce) multiple Regressionsanalyse	Determinanten des im Ausland anfallenden Anteils des F+E-Aufwandes (auf Branchenebene) Bei Betrachtung aller Branchen zeigt sich ein signifikant positiver Zusammenhang mit dem Anteil ausländischer Produktion und Lizenzzahlungen aus dem Ausland. Beide Variablen tragen bei den verfahrensorientierten Branchen ebenfalls zur Erklärung bei. Bei den produktorientierten Branchen üben die Lizenzzahlungen und der Exportanteil einen signifikant negativen Einfluß auf den F+E-Internationalisierungsgrad aus.
	122 Unternehmen (der 792 größten Industrieunternehmen der nichtkommunistischen Welt im Jahr 1982, laut Fortune) Unternehmen	Sekundärdaten (1982) multiple Regressionsanalyse (Tobit)	Determinanten des Auslandsanteils des F+E-Aufwandes (auf Unternehmensebene) Bei Betrachtung des ganzen Samples weist der Auslandsanteil der Produktion einen signifikant positiven, der Exportanteil einen signifikant negativen Zusammenhang auf. Nach Aufspaltung der Unternehmen in Branchen hoher und niedriger F+E-Intensität zeigt die Auslandsproduktion bei beiden Gruppen einen signifikant positiven Einfluß. In Branchen niedriger Intensität steht der Umsatz in signifikant negativem Zusammenhang mit F+E im Ausland. Der positive Zusammenhang bei Branchen hoher Intensität ist nicht signifikant.

Fortsetzung Abb. 2-3: Empirische Studien zu Bestimmungsgründen ausländischer F+E-Einheiten

Studie	Stichprobe und Untersuchungseinheit	Erhebungsmethode, -jahr Analysemethode	Untersuchungsziel und Befunde
Zejan (1990, R&D Activities)	43 schwedische Unternehmen Unternehmen	Sekundärdaten (1978) Tobitanalyse	Die F+E-Intensität der Auslandstochter ist signifikant abhängig von der F+E-Intensität der Muttergesellschaft, dem bei der Muttergesellschaft anfallenden Anteil an F+E-Aufwendungen für die Entwicklung neuer Produkte und Prozesse, dem Exportanteil der Tochtergesellschaft in regionale Märkte und der Größe sowie Entwicklung des lokalen Marktes (Bruttoinlandsprodukt, -sozialprodukt pro Kopf). Die F+E-Intensität weist einen negativen Zusammenhang mit dem Importanteil der Auslandstochter auf.
Dixon (1990, Motivation)	65 amerikanische Unternehmen der Branchen Computer, Instrumente, Chemie und Pharmazeutika Unternehmen	Fragebogen deskriptive Statistik	Die Vorteile ausländischer F+E-Aktivitäten sind (in Rangfolge der Bedeutung): Unterstützung der Produktion vor Ort, Stärkung der Wettbewerbsposition im Ausland, Zugang zu F+E-Personal im Ausland, beschleunigtes Wachstum im Auslandsmarkt, stärkere Integration mit der Produktion.

Fortsetzung Abb. 2-3: Empirische Studien zu Bestimmungsgründen ausländischer F+E-Einheiten

Studie	Stichprobe und Untersuchungseinheit	Erhebungsmethode, -jahr Analysemethode	Untersuchungsziel und Befunde
Taggart (1991, Determinants)	14 amerikanische und 8 europäische Pharmaunternehmen Unternehmen	strukturierte Interviews (Fragebogen) mit F+E-Leiter der Muttergesellschaft (in 3 Fällen Fragebogen zugesandt) deskriptive Statistik	Bedeutung von 30 Standortfaktoren für 6 Länder ermittelt (in Rangfolge): Bedeutung des Marktes, effizientes Patentrecht, Verfügbarkeit von qualifiziertem F+E-Personal, Präsenz von Wettbewerber-F+E, Qualität des tertiären Bildungswesens, günstige rechtliche Rahmenbedingungen für Arzneimittelentwicklung, hohes Wachstumspotential des Marktes. Amerikanische und europäische Unternehmen weichen in der Einschätzung einiger Faktoren voneinander ab, u.a. Wettbewerber-F+E, Verbrauch von Arzneimitteln, Patentrecht, rechtliche Rahmenbedingungen.
Calvori/Schips (1991, Schweizerische Unternehmen)	31 schweizer Unternehmen Unternehmen	semi-strukturierte Interviews deskriptive Statistik	Länderspezifische Gründe (nach Bedeutungsgewicht): Verfügbarkeit bzw. Mangel qualifizierter Arbeitskräfte, Zugang zu neuen Technologien, Größe des Absatzmarktes, allgemeine Regulierungsdichte, Arbeitskosten, Technikakzeptanz, staatliche Förderungsaktivitäten. Unternehmensspezifische Gründe (nach Häufigkeit der Nennung): Unternehmenskultur und Organisationsstruktur, Nähe zum Absatzmarkt, enge Bindung der F+E zur Produktion; hinderlich: kritische Mindestgröße, Koordinations-, Kommunikations- und Kontrolltätigkeit

Fortsetzung Abb. 2-3: Empirische Studien zu Bestimmungsgründen ausländischer F+E-Einheiten

Studie	Stichprobe und Untersuchungseinheit	Erhebungsmethode, -jahr Analysemethode	Untersuchungsziel und Befunde
Pearce/Singh (1992, Globalizing Research)	163 Unternehmen (Fortune 500 plus 60 andere), davon mindestens 71 ohne Auslands-F+E Unternehmen	Fragebogen (1989) deskriptive Statistik	Faktoren mit Einfluß auf die Art der Arbeit in ausländischen F+E-Einheiten (in Rangfolge): Notwendigkeit zur Produktanpassung, Notwendigkeit zur Anpassung der Produktionstechnik, Notwendigkeit zur Entwicklung neuer Produkte für den Auslandsmarkt, Kostengründe, lokale technologische Stärken, begrenzte Zahl von Grundlagenforschungslaboratorien.
	432 Unternehmen (der 792 größten Industrieunternehmen der nichtkommunistischen Welt im Jahr 1982, laut Fortune) Unternehmen (Aufspaltung in vier Länder- bzw. Regionen sowie in zehn Branchen)	Sekundärdaten (1982) multiple Regressionsanalyse (Tobit)	Determinanten; abhängige Variable: Anteil von in den USA gewährten Patenten, die von ausländischen F+E-Einheiten multinationaler Unternehmen stammen. Der Anteil ausländischer Produktion weist für das gesamte Sample, die vier Länder/Regionen Subsamples und acht der zehn Branchen-Subsamples einen signifikant positiven Zusammenhang auf. Der Exportanteil zeigt lediglich für die Hälfte der Branchen einen signifikanten Einfluß, allerdings mit uneinheitlichem Vorzeichen. Die F+E-Intensität des Gesamtunternehmens beeinflußt den Auslands-F+E-Anteil tendenziell negativ: in vier Branchen mit signifikant negativem, in einer mit signifikant positivem Ergebnis, was teilweise Ergebnissen anderer Studien entgegensteht.

Fortsetzung Abb. 2-3: Empirische Studien zu Bestimmungsgründen ausländischer F+E-Einheiten

Studie	Stichprobe und Untersuchungseinheit	Erhebungsmethode, -jahr Analysemethode	Untersuchungsziel und Befunde
Pearce/Singh (1992, Globalizing Research) (Fortsetzung); siehe auch Casson/Pearce/Singh (1991, Business Strategy)	133 ausländische F+E-Einheiten (von Fortune 500 plus 60 Unternehmen) ausländische F+E-Einheit	Fragebogen (1989/90) deskriptive Statistik	Auf einer 3-Punkt-Skala Bedeutung von "factors influencing recent decisions with regard to the development of subsidiary R&D units" erfragt: 14 Faktoren aus drei Bereichen: nachfrage-, angebotsorientiert und wettbewerbsbezogen. Unterschiedliche Ausprägung der Faktoren hinsichtlich des Typs von Einheit, der Art von F+E und der Branche. Faktoren, die das Wachstum der F+E-Einheiten beeinflussen, sind: Schnelligkeit des technologischen Wandels in der betreffenden Branche, das Wachstum des lokalen Marktes und das Wachstum anderer Märkte des Unternehmens und seiner Töchter.
Håkanson (1992, Determinants)	151 ausländische F+E-Einheiten von 20 schwedischen Unternehmen ausländische F+E-Einheit	Fragebogen (1988) multiple Regressionsanalyse (Tobit)	Determinanten für regionale Verteilung von ausländischem F+E-Personal (insgesamt und für fünf verschiedene Typen von Einheiten). Marktgröße beeinflußt signifikant positiv die Typen Market Oriented, Production Support und Politically Motivated Units. Psychische Distanz weist einen negativen Zusammenhang für alle Typen auf (bei vieren signifikant).

Fortsetzung Abb. 2-3:   Empirische Studien zu Bestimmungsgründen ausländischer F+E-Einheiten

Studie	Stichprobe und Untersuchungseinheit	Erhebungsmethode, -jahr Analysemethode	Untersuchungsziel und Befunde
Håkanson/Nobel (1993, Foreign Research)	151 ausländische F+E-Einheiten von 20 schwedischen Unternehmen ausländische F+E-Einheit	Fragebogen (1988) Faktorenanalyse	21 potentielle "motives and considerations" auf 4 Faktoren verdichtet: political factors, market proximity, production support, monitoring research.
Håkanson/Nobel (1993, Determinants)	151 ausländische F+E-Einheiten von 20 schwedischen Unternehmen ausländische F+E-Einheit	Fragebogen (1988) multiple Regressionsanalyse	Determinanten des Auslandsanteils von F+E-Personal (für alle Einheiten zusammen und für fünf verschiedene Typen von Einheiten). Auslands-F+E insgesamt wird signifikant positiv vom Internationalisierungsgrad und der Anzahl akquirierter Produktionsstätten beeinflußt. Bei 'market oriented units' zeigt das Alter einen signifikant positiven, die Anzahl ausländischer Produktionsstätten einen signifikant negativen Einfluß. Bei 'production support units' weist die Anzahl akquirierter Produktionsstätten einen signifikant positiven, die Existenz globaler Produktdivisionen einen signifikant negativen Einfluß auf. Das Auftreten von 'research oriented units' wird durch die Forschungsintensität und den Internationalisierungsgrad signifikant positiv beeinflußt. Keine statistisch signifikanten Zusammenhänge wurden für 'politically motivated units' gefunden. Die Existenz von Produktdivisionen mit Sitz im Ausland wirkt sich signifikant positiv auf den Anteil an 'multi-motive units' aus.

Fortsetzung Abb. 2-3: Empirische Studien zu Bestimmungsgründen ausländischer F+E-Einheiten

Studie	Stichprobe und Untersuchungseinheit	Erhebungsmethode, -jahr Analysemethode	Untersuchungsziel und Befunde
Miller (1994, Automobile Industry)	20 Automobilunternehmen (9 Westeuropa, 8 Asien, 3 Nordamerika) Unternehmen	Interviews mit 41 Führungskräften und Fragebogen (pro Unternehmen ein Fragebogen) deskriptive Statistik	Bestimmungsgründe (in Rangfolge der Bedeutung): Notwendigkeit technologischer Konkurrenzanalyse mittels Horchposten, Beobachtung der Styling Trends in Italien und Kalifornien, Umsatzwachstum in wichtigen Märkten erfordert den Ausbau von ausländischer F+E, Druck von Seiten der lokalen Regierungen zum Aufbzw. Ausbau von F+E-Aktivitäten, Unterstützung lokaler Produktionsstätten, Allianzen und Joint Ventures für den Technologietransfer, Bedeutung der lokalen Präsenz für die Marktdurchdringung, Umsatzwachstum im Ausland erfordert Aufbau von F+E vor Ort.
Papanastassiou/ Pearce (1994, Japanese Enterprises)	19 F+E-Einheiten japanischer Unternehmen in Großbritannien; japanische Unternehmen Unternehmen, ausländische F+E-Einheit	Fragebogen (1992/93), Sekundärdaten deskriptive Statistik	Die Verfügbarkeit qualifizierter Wissenschaftler und die starke Tradition Großbritanniens in relevanten Wissenschaftsgebieten waren die bedeutendsten Gründe für die Entscheidung, in Großbritannien F+E-Standorte zu errichten. Wenig Bedeutung wurde dem Vorhandensein eines Universitätssystems für internationales Recruiting beigemessen. Als am wenigsten bedeutsam stellte sich das Vorhandensein gleichartiger F+E-Einheiten von Wettbewerbern heraus.

Die vorliegenden empirischen Studien lassen sich nur begrenzt miteinander vergleichen:

- Die den Studien zugrundeliegenden Fragestellungen beziehen sich auf unterschiedliche Entscheidungen (siehe Abb. 2-4).[55] Die Entscheidungsebenen sind allerdings miteinander verwoben, und eine Reihe von Bestimmungsgründen dürfte auf allen Ebenen einwirken.

- In einer Reihe von Studien werden bei der Analyse von Standortfaktoren keine konkreten Entscheidungssituationen betrachtet (d.h. den Antworten liegen keine realen Investitionen zugrunde), sondern es werden hypothetisch potentielle Bestimmungsgründe für bestimmte Länder beurteilt.[56] Es ist zu vermuten, daß die Beurteilung hypothetischer von der Einschätzung realer Investitionen abweicht. Schließlich wurde in zahlreichen Studien die unterschiedliche Aufgabenstellung (d.h. der Typ von Einheit) nicht weiter berücksichtigt.[57]

- Die regressionsanalytischen Ansätze zur Erklärung von ausländischen F+E-Aktivitäten verwenden unterschiedliche abhängige Variablen. Ferner beruhen die Analysen auf unterschiedlich aggregierten Daten: Branchen, Unternehmen, ausländische F+E-Einheiten. Schließlich sind beim Vergleich der Studien Abgrenzungs- und Erfassungsprobleme zu berücksichtigen.

Generell läßt sich feststellen, daß die Studien zunehmend dem differenzierten Charakter von Auslands-F+E Rechnung tragen. Die Untersuchungsebene ("level of analysis") hat sich von Branchen über Unternehmen zur Ebene der einzelnen Einheiten verlagert.

---

[55] Daher resultiert wohl auch die Vielzahl von Begriffen, die Verwendung finden: Gründe, Standortfaktoren, "motives and considerations", Determinanten.

[56] Vgl. Calvori/Schips (1991, Schweizerische Unternehmen); Taggart (1991, Determinants). Es liegen Einschätzungen potentieller Standorte hinsichtlich diverser Variablen vor.

[57] F+E im Ausland wird in den meisten Studien nicht weiter differenziert, und es wird implizit von der Einheitlichkeit der Einflußgrößen ausgegangen.

Abb. 2-4

Bestimmungsgründe und Entscheidungsebenen

Entscheidung, ins Ausland zu gehen (Direktinvestitionsentscheidung)
Standortwahl (Standortentscheidung)
Entscheidung zur Erweiterung der Einheit (Expansionsentscheidung)
Entscheidung zur Änderung der Zielsetzung der Einheit
Einflußgrößen auf den laufenden Betrieb der Einheit

2.2.4 Befunde empirischer Studien

Die Erörterung der empirischen Relevanz einzelner Bestimmungsgründe folgt der Einteilung in standortspezifische und unternehmensspezifische Bestimmungsgründe.

1. Standortspezifische Bestimmungsgründe:

Marktfaktoren wie Größe, Wachstum und Nähe zum Markt erweisen sich in den empirischen Untersuchungen als bedeutende Bestimmungsgründe für Auslands-F+E.[58] Einen weiteren, nachfrageorientierten Bestimmungsgrund stellt die Notwendigkeit zur Anpassung von Produkten an lokale Bedürfnisse und Anforderungen dar.[59]

---

[58] Vgl. Behrman/Fischer (1980, Overseas R&D), Harris (1987/1988, Global Management), Perrino/Tipping (1989, Global Management), De Meyer/Mizushima (1989, Global R&D), Zejan (1990, R&D Activities), Taggart (1991, Determinants), Calvori/Schips (1991, Schweizerische Unternehmen), Pearce/Singh (1992, Globalizing Research), Håkanson (1992, Determinants), Miller (1994, Automobile Industry).

[59] Vgl. Hirschey/Caves (1981, Research), Pausenberger (1982, Technologiepolitik), Haug/Hood/Young (1983, R&D Intensity), Harris (1987/1988, Global Management), Perrino/Tipping (1989, Global Management), Pearce/Singh (1992, Globalizing Research), Mitchell (1989, Investigation).

Eine große Bedeutung wird auch den technologischen Angebotsstrukturen der ausländischen Standorte beigemessen.[60] Gleiches gilt für die Verfügbarkeit von qualifiziertem Personal im Ausland (was oft mit einem Mangel an entsprechendem Personal im Land des Sitzes der Muttergesellschaft einhergeht).[61]

Neuere Untersuchungen verweisen auf den Wettbewerbsaspekt bei der Verlagerung von F+E ins Ausland. Die Existenz von F+E-Einheiten der Wettbewerber wird von den Unternehmen als eine Begründung für den Aufbau eigener F+E-Anstrengungen angeführt.[62] Die Bedeutung dieses Bestimmungsgrundes wird uneinheitlich eingeschätzt.

Auch bei den Kosten für F+E zeigt sich ein uneinheitliches Bild.[63] Die Untersuchungen von Mansfield/Teece/Romeo und Lall weisen einen signifikant positiven, die Studie von Hirschey/Caves einen signifikant negativen Zusammenhang zwischen den Kosten und der F+E-Internationalisierung auf. In anderen Studien werden F+E-Kosten als eher unbedeutend identifiziert.

Die rechtlichen Rahmenbedingungen des Gastlandes (Auflagen, Patentrecht) werden in einigen Studien als Bestimmungsgrund angesprochen.[64] Finanzielle Anreize der lo-

---

[60] Vgl. Behrman/Fischer (1980, Overseas R&D), Pausenberger (1982, Technologiepolitik), Harris (1987/1988, Global Management), Perrino/Tipping (1989, Global Management), De Meyer/Mizushima (1989, Global R&D), Calvori/Schips (1991, Schweizerische Unternehmen), Pearce/Singh (1992, Globalizing Research), Papanastassiou/Pearce (1994, Japanese Enterprises), Mitchell (1989, Investigation).

[61] Vgl. De Meyer/Mizushima (1989, Global R&D), Dixon (1990, Motivation), Taggart (1991, Determinants), Calvori/Schips (1991, Schweizerische Unternehmen), Papanastassiou/Pearce (1994, Japanese Enterprises). Qualifizierte F+E-Mitarbeiter befinden sich vielfach in "creative regions" wie z.B. Silicon Valley, vgl. Malecki (1987, Creative Regions).

[62] Vgl. Taggart (1991, Determinants), Papanastassiou/Pearce (1994, Japanese Enterprises), Miller (1994, Automobile Industry). Im weltweiten Wettlauf um den Zugang zu neuen Technologien und Märkten kann das Auslandsengagement der Konkurrenten als wichtiges Signal für eigene ausländische F+E-Anstrengungen gesehen werden.

[63] Vgl. Mansfield/Teece/Romeo (1979, Overseas Research), Lall (1979, Allocation), Hewitt (1980, Research), Hirschey/Caves (1981, Research), Pausenberger (1982, Technologiepolitik), Haug/Hood/Young (1983, R&D Intensity), Haug/Pizzi (1985, Incentives), Calvori/Schips (1991, Schweizerische Unternehmen), Pearce/Singh (1992, Globalizing Research). Siehe auch Maringer (1990, Japan).

[64] Vgl. Pausenberger (1982, Technologiepolitik), Harris (1987/1988, Global Management), Perrino/Tipping (1989, Global Management), Taggart (1991, Determinants), Calvori/Schips (1991, Schweizerische Unternehmen), Miller (1994, Automobile Industry).

kalen Regierungen in Form von F+E-Förderprogrammen oder steuerlichen Erleichterungen[65] wirken sich kaum auf die Internationalisierung von F+E aus.[66]

Die Befunde zu standortspezifischen Bestimmungsgründen lassen sich mit Ronstadt zusammenfassen: "Non-R&D goals, such as monitoring foreign R&D activities, taking advantage of 'cheap' labor, or using 'trapped' or 'blocked' funds, played almost no part in the investment decisions."[67]

2. Unternehmensspezifische Bestimmungsgründe:

Untersuchungen schwedischer Unternehmen deuten auf einen signifikant positiven Zusammenhang von Unternehmensgröße (bezogen auf das ganze Unternehmen bzw. die Auslandstochter) und Auslands-F+E hin.[68] Bei Betrachtung der Größenvariable Umsatz zeigt sich ein ähnliches Bild, wobei die Ergebnisse von Pearce uneinheitlich in ihrer Einflußrichtung sind.[69] Eine Aufspaltung des Umsatzes führt zu folgendem Ergebnis: Der Umsatz der Auslandstöchter[70] und der Export der Auslandstöchter in regionale Märkte[71] üben einen signifikant positiven Einfluß aus, wohingegen der Import der Tochtergesellschaften[72] und der Export der Muttergesellschaft[73] eine signifikant negative Wirkung aufweisen.

Die Bedeutung von Auslandsaktivitäten für die Erklärung von Auslands-F+E wird unterstrichen durch den signifikant positiven Einfluß des Anteils an Auslandsproduktion.[74] So wird von Unternehmensseite der Nähe zur Auslandsproduktion, der Not-

---

65   Vgl. Grace/Berg (1990, Multinational Enterprises), Hines (1991, Tax Changes), Leyden/Link (1993, Policies).

66   Vgl. Haug/Hood/Young (1983, R&D Intensity), Haug/Pizzi (1985, Incentives), Calvori/Schips (1991, Schweizerische Unternehmen).

67   Ronstadt (1977, Research), S. 61.

68   Vgl. Håkanson (1981, Organization), Håkanson (1983, Subsidiaries in Sweden).

69   Vgl. Mansfield/Teece/Romeo (1979, Overseas Research), Pearce (1989, Internationalisation).

70   Vgl. Mansfield/Teece/Romeo (1979, Overseas Research), Hirschey/Caves (1981, Research).

71   Vgl. Zejan (1990, R&D Activities).

72   Vgl. Zejan (1990, R&D Activities).

73   Vgl. Mansfield/Teece/Romeo (1979, Overseas Research), Hirschey/Caves (1981, Research), Pearce (1989, Internationalisation), Pearce/Singh (1992, Globalizing Research).

74   Vgl. Håkanson (1981, Organization), Håkanson (1983, Subsidiaries in Sweden), Pearce (1989, Internationalisation), Pearce/Singh (1992, Globalizing Research).

wendigkeit zur Anpassung der Produktionsverfahren und der Konzentration ausländischer Produktionsstätten ein großes Gewicht zugesprochen.[75]

Eine Reihe von Studien belegen, daß sich die internationale Erfahrung von Unternehmen (gemessen z.B. als Alter der Tochterunternehmen oder Internationalisierungsgrad) positiv auf die Neigung zur Verlagerung von F+E ins Ausland auswirkt.[76] Die psychische Distanz kann hierbei eine Barriere darstellen.[77]

Als weitere Gründe für die Internationalisierung von F+E haben die empirischen Studien Akquisitionen[78], das Autarkie- und Autonomiestreben der Auslandstöchter[79], die Branche[80] und den F+E-Aufwand der Unternehmen[81] identifiziert. Zur F+E-Intensität liegen widersprüchliche Befunde vor.[82]

Zusammenfassend kann festgestellt werden, daß Marktcharakteristika, die technologische Angebotsstruktur und die Auslandsaktivitäten der Unternehmen für die Erklärung der Verlagerung von F+E-Aktivitäten ins Ausland besonders bedeutsam sind.

2.3 Erfolgsbeurteilung

Die Studien zur Erfolgsbeurteilung ausländischer F+E-Aktivitäten werden in Abb. 2-5 anhand der gleichen Kriterien analysiert, wie sie bereits in Kapitel 2.1.1 erläutert worden sind. Die Befunde zum Management der F+E-Einheiten (Führung, Organisation) sind, obwohl sie nicht zentraler Bestandteil der Arbeit sind, der Vollständigkeit halber mit aufgeführt.

---

[75]   Vgl. Behrman/Fischer (1980, Overseas R&D), Hirschey/Caves (1981, Research), Dixon (1990, Motivation), Calvori/Schips (1991, Schweizerische Unternehmen), Pearce/Singh (1992, Globalizing Research), Casson/Singh (1993, Research and Development Strategies), Miller (1994, Automobile Industry), Mitchell (1989, Investigation).

[76]   Vgl. Lall (1979, Allocation), Hewitt (1980, Research), Håkanson (1983, Subsidiaries in Sweden), Haug/Hood/Young (1983, R&D Intensity), Håkanson/Nobel (1993, Determinants).

[77]   Vgl. Håkanson (1992, Determinants).

[78]   Vgl. De Meyer/Mizushima (1989, Global R&D), Pausenberger (1982, Technologiepolitik), Håkanson/Nobel (1993, Determinants).

[79]   Vgl. Behrman/Fischer (1980, Overseas R&D), Pausenberger (1982, Technologiepolitik).

[80]   Vgl. Mansfield/Teece/Romeo (1979, Overseas Research), Håkanson (1983, Subsidiaries in Sweden).

[81]   Vgl. Håkanson (1981, Organization), Zejan (1990, R&D Activities).

[82]   Vgl. Zejan (1990, R&D Activities), Pearce/Singh (1992, Globalizing Research).

Abb. 2-5

Empirische Studien zum Management ausländischer F+E-Einheiten

Studie	Stichprobe und Untersuchungseinheit	Erhebungsmethode, -jahr Analysemethode	Untersuchungsziel und Befunde
Granstrand/ Fernlund (1978, Coordination)	1 schwedisches Untern. Unternehmen	Fallstudie verbale Beschreibung	Beschreibung von Koordinationsmechanismen (Strukturen und Prozesse).
Behrman/ Fischer (1980, Overseas R&D) und Fischer/Behrman (1979, Coordination)	35 amerikanische Unternehmen (davon 31 mit 106 ausländischen F+E-Einheiten) und 18 europäische Unternehmen (16 mit 100 Einheiten) Unternehmen, ausländische F+E-Einheiten	strukturierte Interviews mit F+E-Managern der Muttergesellschaft (1978) und 3 Fallstudien deskriptive Statistik	Beschreibung der Organisationsstrukturen und Koordinationsformen zwischen Mutter- und Tochtergesellschaften: Absolute Centralization, Participative Centralization, Cooperation, Supervised Freedom, Total Freedom.
Håkanson/Zander (1986, Managing)	4 schwedische Unternehmen Unternehmen, ausländische F+E-Einheit	25 Interviews in Muttergesellschaft und ausländischen F+E-Einheiten (1985), Fallstudien verbale Beschreibung	Erörterung von Organisationsstrukturen, Führungs- und Kontrollmechanismen ("systems und procedures").
Harris (1987/1988, Global Management) und Perrino/ Tipping (1989, Global Management)	16 amerikanische, europäische und japanische Unternehmen Unternehmen	122 Interviews in Muttergesellschaft und einzelnen ausländischen F+E-Einheiten (1985) verbale Beschreibung	Erörterung von Organisationsstrukturen und Kommunikationsformen.

Fortsetzung Abb. 2-3: Empirische Studien zum Management ausländischer F+E-Einheiten

Studie	Stichprobe und Untersuchungseinheit	Erhebungsmethode, -jahr Analysemethode	Untersuchungsziel und Befunde
De Meyer (1993, Laboratories); De Meyer (1991, Tech Talk); De Meyer/ Mizushima (1989, Global R&D)	7 europäische und 15 japanische Unternehmen bzw. 14 Unternehmen Unternehmen	Fallstudien, Interviews mit F+E-Managem der Muttergesellschaft und einzelnen ausländischen F+E-Einheiten verbale Beschreibung	Erörterung von Organisationsstrukturen sowie Instrumenten und Mechanismen zur Lösung des Kommunikationsproblems. Das Management ausländischer F+E-Einheiten soll sich an der Verbesserung des "technical learning" orientieren.
Pearce/Singh (1992, Globalizing Research)	133 ausländische F+E-Einheiten (von Fortune 500 Unternehmen) ausländische F+E-Einheit	Fragebogen (1989/90) deskriptive Statistik	Budgetierung, Finanzierung, Autonomiegrad, Interaktion mit Konzerneinheiten und Scientific Community, Personalbewegung, Quellen für Ideen, Projektdauer, Publikationstätigkeit.
Westney (1993, Japanese Firms)	20 F+E-Einheiten japanischer Elektrounternehmen in USA, 3 amerikanische Elektrounternehmen (die F+E in Japan betreiben) Unternehmen, ausländische F+E-Einheit	Interviews in USA (in japanischen F+E-Einheiten und amerikanischen Muttergesellschaften) (1992) verbale Beschreibung	In einem Vergleich der japanischen und amerikanischen Internationalisierungserfahrung werden Managementfragen angesprochen.

Keine Studie hat bisher eine Erfolgsbetrachtung ausländischer F+E-Einheiten anhand konkreter Erfolgsmaße vorgenommen.[83] Auch die Untersuchungen zu Fragen der Organisation und Führung von F+E im Ausland orientieren sich nicht an Erfolgsmaßen.[84] Alle Aussagen zum Management von F+E-Einheiten stellen somit Vermutungen dar, die auf einer Beschreibung von "best practice" beruhen, "which have to be studied with caution"[85].

Studien, die sich mit den Organisationsstrukturen ausländischer F+E-Einheiten beschäftigen, stellen oftmals das Netzwerk-Modell als vorteilhaft dar.[86] Hierbei kommen den einzelnen Einheiten unterschiedliche strategische Aufgaben zu. Sie fungieren als unabhängige "Centers of Excellence". "Thus, the network model takes advantage of the natural pockets of talent throughout the world"[87].

Eine geographische Verteilung von F+E-Aktivitäten wirft die Frage nach ihrer Koordinierung und den hierzu verwendeten Koordinationsformen auf.[88] In diesem Zusammenhang weisen zahlreiche Autoren auf die Bedeutung der Kommunikation hin und beschreiben, wie durch den Einsatz elektronischer Kommunikationsmittel wie E-mail oder Videokonferenzen versucht wird, die physische Distanz zu überbrücken.[89]

---

[83]   Pearce/Singh (1992, Globalizing Research), S. 181 f., haben in ihrer Untersuchung die Einheiten auf einer 3-Punkt-Skala danach gefragt, wie häufig sie Forschungsergebnisse in Zeitschriften veröffentlichen. Die Daten dienten allerdings nicht zu einer Erfolgsbetrachtung.

[84]   Es gibt einige Erfahrungsberichte und Fallstudien; Hanson (1971, Eastman Kodak), Papo (1971, Multinational Labs), van Rumker (1971, Chemagro), Zaininger (1990, Global Management), Krogh (1990, Experience), Starr (1992, International Company), De Meyer (1989, Nestlé), De Meyer (1989, Ford), Bürgel (1991, Controlling).

[85]   De Meyer/Mizushima (1989, Global R&D), S. 136.

[86]   Vgl. Harris (1987/1988, Global Management) bzw. Perrino/Tipping (1989, Global Management). Die Ergebnisse der Studie sind auch auf deutsch erschienen, vgl. Gerpott/Meier (1990, Sprung). Zu Fragen der Organisation und Führung ausländischer F+E-Einheiten siehe auch Håkanson (1990, Organizational Challenges), Håkanson/Zander (1986, Managing), Westney (1993, Japanese Firms) und Casson/Pearce/Singh (1991, Trends).

[87]   Harris (1987/1988, Global Management), S. 25.

[88]   Vgl. Granstrand/Fernlund (1978, Coordination), Fischer/Behrman (1979, Coordination), Pearce/Singh (1991, Overseas Laboratory).

[89]   Vgl. Hough (1972, Communication), De Meyer (1991, Tech Talk), Howells (1990, Change); siehe auch Allen (1977, Flow of Technology) Zu den Anforderungen an ein Informationssystem für das Technologiemanagement in multinationalen Unternehmen siehe v. Boehmer (1994, Information Systems). Neben der physischen Distanz gilt es aber auch die psychische Distanz zu überbrücken.

Zusammenfassend läßt sich feststellen, daß ein deutliches Defizit im Einsatz von Erfolgsmaßen zur Beurteilung ausländischer F+E-Einheiten besteht.

2.4 Kritik

Wie bereits oben an verschiedenen Stellen angeklungen ist, weisen die bisher durchgeführten Studien - jeweils in unterschiedlichem Maße - eine Reihe von Defiziten auf:

1. Die bisher in der Literatur diskutierten Typen von F+E-Einheiten wurden zum Groß-teil aus eigener Anschauung bzw. Beobachtung gewonnen. Lediglich Håkanson/ Nobel gelangten empirisch-statistisch zu ihrer Klassifikation.

2. Bisher wurden bei der Klassifikation von F+E-Einheiten nur einzelne Dimensionen singulär betrachtet. Zur Charakterisierung der Einheiten scheint jedoch ein mehrdi-mensionales Vorgehen geboten.

3. Eine evolutionäre Entwicklung von Typen von Einheiten scheint in einer Zeit, wo Produkte oftmals nahezu gleichzeitig auf mehreren Märkten (weltweit) eingeführt werden, wenig plausibel. Das Erfordernis kurzer Produktentwicklungszeiten und der globale Wettbewerb sowie die Veränderungen der Welthandelsstruktur (geringere Dominanz US-amerikanischer Unternehmen) lassen deutliche Zweifel an dem evolu-tionären Verlauf aufkommen.

4. Eine Vergleichbarkeit der Determinanten über alle Einheiten ist nur begrenzt gegeben, da die Determinanten nicht zu einem bestimmten für alle Einheiten identischen Zeit-punkt erfaßt wurden. Es wurde nach dem ursprünglichen Grund für die Errichtung einer Einheit gefragt. Dieser Zeitpunkt mag viele Jahre zurückliegen. In einer Reihe von Fällen wird sich kaum einer mehr an die damalige Entscheidung erinnern. Ferner ist es gut möglich, daß sich im Laufe der Jahre ein Ziel- bzw. Bestimmungswandel bei der F+E-Einheit eingestellt hat, d.h. die Gewichtung der Determinanten hat sich ver-schoben, Determinanten sind weggefallen bzw. neu hinzugekommen.

5. Es ist fraglich, "ob überhaupt von der in solchen Untersuchungen unterstellten Ein-heitlichkeit der Einflußgrößen auf die Dislozierung der Forschungs- und Entwick-lungsaktivitäten ausgegangen werden kann. Von einem Unternehmensstandort aus ge-

sehen ist es denkbar, daß Engagements in verschiedenen Ländern auch unterschiedlich gerechtfertigt werden."[90]

6. Die Einflußgrößen sollten auf der Ebene der einzelnen ausländischen F+E-Einheit gemessen werden (Frage nach der Untersuchungseinheit). Es sollte sich hierbei um konkrete Entscheidungssituationen, nicht um hypothetische Fälle handeln.

7. Die Abgrenzung der Untersuchungseinheit "ausländische F+E-Einheit" erfolgte teilweise unsauber, wenn z.B. auch Joint Ventures erfaßt wurden.[91]

8. Neben einer Reihe von Fallstudien gibt es bisher nur wenige großzahlige Untersuchungen. Es liegt lediglich eine differenziertere Studie vor, die allerdings nur auf Daten von Unternehmen eines Landes, Schwedens, beruht.

9. Keine Studie hat eine Erfolgsbeurteilung der ausländischen F+E-Einheiten vorgenommen. Derzeit wird in den Untersuchungen von "best practice" ausgegangen.[92]

2.5 Fazit

Die bisherigen Untersuchungen zum Phänomen ausländischer F+E-Einheiten lassen deutlich erkennen, daß es sich hierbei um eine differenzierte Aktivität handelt. Im Rahmen des globalen F+E-Netzwerkes eines Unternehmens nehmen die Auslandseinheiten unterschiedliche strategische Aufgaben wahr. Zur Bestimmung bzw. Charakterisierung der Typen von Einheiten - der ersten Fragestellung der Arbeit - sollen drei Dimensionen herangezogen werden: Art der Tätigkeit, Marktorientierung und Interaktion. Die Tätigkeit ausländischer F+E-Einheiten kann sich auf Entwicklungsarbeiten beziehen oder stark forschungsorientiert geprägt sein. Die F+E-Projekte können auf den lokalen, regionalen oder globalen Markt ausgerichtet sein.[93] Die F+E-

---

[90] Brockhoff (1992, Forschung und Entwicklung), S. 108.

[91] Vgl. Behrman/Fischer (1980, Overseas R&D).

[92] De Meyer/Mizushima (1989, Global R&D) S. 136. Eine Erfolgsbetrachtung wird auch von anderen Autoren gefordert, vgl. Cheng/Bolon (1993, Multinational R&D).

[93] Die Marktorientierung bezieht sich hier auf die einzelne F+E-Einheit und nicht wie bei Behrman/Fischer auf das ganze Unternehmen. Multinationale Unternehmen sehen sich gleichzeitig zwei sich entgegenstehenden Tendenzen ausgesetzt. Auf der einen Seite wirken Globalisierungkräfte auf eine stärkere Rationalisierung und Standardisierung hin. Auf der anderen Seite sind deutliche Vorteile einer Anpassung von Produkten an örtliche Gegebenheiten und Bedürfnisse erkennbar. "Managers of multinational companies (MNCs) are now faced with the task of optimizing efficiency, responsiveness, and learning *simultaneously* in their worldwide operations ..."(Bartlett/Ghoshal (1987, Strategic Requirements), S. 7). Vor diesem Hintergrund werden multinationale Unternehmen zunehmend als "differentiated networks" verstan-

Projekte der einzelnen Einheit können in einer stärkeren oder schwächeren Einbeziehung bzw. Kooperation mit anderen F+E-Einheiten des Unternehmens (bei der Muttergesellschaft oder den Auslandstöchtern) durchgeführt werden.[94] Als Beispiele für mögliche Ausprägungen der drei Dimensionen lassen sich Support Laboratories (SL) und Internationally Interdependent Laboratories (IIL) anführen. Die erstgenannten führen Entwicklungs-(Anpassungs-)arbeiten für den lokalen Markt ohne Beteiligung anderer F+E-Einheiten durch. Bei IIL liegt die Betonung eher auf angewandter Forschung mit regionaler oder globaler Ausrichtung und in enger Abstimmung und womöglich Kooperation mit anderen F+E-Einheiten. Die drei Dimensionen ermöglichen es, ein differenziertes Bild von Auslands-F+E zu zeichnen. Zur Identifizierung von unterschiedlichen Typen soll ein empirisch-statistisches Vorgehen gewählt werden. Von Interesse sind die Typen von F+E-Einheiten, wie sie Anfang der 90er Jahre in multinationalen Unternehmen existieren. Die aktuelle strategische Aufgabe einer Einheit mag von der ursprünglichen (zum - Zeitpunkt der Errichtung vorherrschenden) Aufgabenstellung abweichen.

Die Bestimmungsgründe für ausländische F+E-Aktivitäten - die zweite Frage, der die Arbeit nachgeht - dürften je nach Typ von Einheit variieren. Es gilt folglich, potentielle Bestimmungsgründe auf der Ebene der einzelnen Einheit zu erfassen. Analog zur Identifikation der Typen geht es hierbei nicht um die Begründung der ursprünglichen Investitions- bzw. Standortentscheidung. Vielmehr werden Bestimmungsgründe der laufenden Tätigkeit betrachtet.

Eine Betrachtung der aktuellen Situation von Auslandseinheiten ist vor allem für die Beurteilung des Erfolges der Einheiten von Bedeutung, der dritten Fragestellung der Arbeit. Die Effektivität und Effizienz der einzelnen Einheiten sollen bestimmt werden.

---

den, in denen die Auslandstöchter eines Unternehmens unterschiedliche Aufgaben wahrnehmen, vgl. Ghoshal/Nohria (1989, Differentiation) und Bartlett/Ghoshal (1986, Subsidiaries). Diese Sichtweise läßt sich auch auf den F+E-Bereich übertragen, wie es bereits ansatzweise in der Beschreibung globaler F+E-Netzwerke in Kapitel 1 geschehen ist.

[94] In der Literatur zu Internationalisierungsstrategien wird der Grad der Koordination von Aktivitäten zur Bestimmung von Strategien verwendet, vgl. Porter (1986, Competition). Die Einbindung in andere Unternehmensaktivitäten kommt bei Pearce zum Ausdruck, indem er zur Bildung seiner Typologie die "organisational linkages" berücksichtigt (Pearce (1989, Internationalisation)). Westney geht über die Unternehmensaktivitäten hinaus und unterscheidet "internal" und "external linkages", Westney (1990, Internal and External Linkages).

3 Untersuchungsdesign

3.1 Untersuchungseinheit

Die Untersuchungseinheit der vorliegenden Arbeit ist die ausländische F+E-Einheit, die entweder als eigenständiges Labor oder als Teil eines 100% Tochterunternehmens außerhalb des Landes tätig ist, in dem die Muttergesellschaft ihren Firmensitz hat. Für die Untersuchung ist die Sichtweise der Muttergesellschaft von Interesse, da in der Regel die Headquarters konzernweite Planungs-, Organisations-, Führungs- und Kontrolltätigkeiten ausüben.

Für die Beantwortung der zu untersuchenden drei Fragestellungen (Typen, Bestimmungsgründe und Erfolg ausländischer F+E-Einheiten) bietet sich eine großzahlige Untersuchung mit standardisiertem Vorgehen an. Hierzu wurde - besonders unter Zeit- und Kostengesichtspunkten - eine Fragebogenerhebung gewählt. Zur Vertiefung der Erfolgsbetrachtung fand zusätzlich eine explorative Untersuchung mit Interviews statt (siehe Kapitel 6.3).[95]

Für jedes multinationale Unternehmen wurden eine Vielzahl von Informationen benötigt. Um von einer großen Zahl von Unternehmen die gewünschten Informationen zu erhalten und eine hohe Rücklaufquote zu erzielen, schien es am besten zu sein, den Fragebogen von einer einzigen Person am Sitz der Muttergesellschaft für möglichst viele ausländische F+E-Einheiten ausfüllen zu lassen.[96] Es sollten Unternehmen mit Sitz in der Bundesrepublik Deutschland, Groß-

---

[95] Die Interviewstudie beschäftigt sich lediglich mit der dritten Fragestellung, der Erfolgsbestimmung. Daher wird erst in Kapitel 6 (Erfolgsbeurteilung) auf die Interviews eingegangen. Alle vorherigen Kapitel (d.h. Kapitel 3, 4 und 5) beziehen sich ausschließlich auf die Fragebogenerhebung.

[96] Dieses Vorgehen wirft zwei Probleme auf. Zum einen ist die Abhängigkeit von einem einzigen Antwortenden, insbesondere bei der Erhebung von Wahrnehmungsdaten, kritisch zu beurteilen. Es ist denkbar, daß Antwortverzerrungen auftreten können. Zum zweiten könnten die Daten, die von einem Vertreter der Muttergesellschaft über Tochterunternehmen bereitgestellt werden, mit dem Argument in Frage gezogen werden, daß ein Vertreter der Muttergesellschaft nur begrenzt mit den Aktivitäten eines Tochterunternehmens vertraut ist. Allerdings würde der Einsatz von verschiedenen Antwortenden innerhalb eines Unternehmens den Vergleich von Wahrnehmungsdaten erschweren. Ferner würde ein solches Vorgehen wahrscheinlich zu Datenverlust aufgrund unternehmensinternen Handlings führen.

Ghoshal/Nohria standen in ihrer Studie vor der gleichen Problematik. In einem aufwendigen Pretest mit mehreren Vertretern sowohl der Muttergesellschaft als auch der Tochterunternehmens verschiedener multinationaler Unternehmen wurde bei der Beantwortung der Fragen eine hohe "inter-rater convergence" festgestellt (Ghoshal/Nohria (1989, Differentiation), S. 329 f.). Aufgrund der hohen Korrelationswerte führten Ghoshal/Nohria die eigentliche Befragung lediglich bei einem Vertreter der Muttergesellschaft der multina-

britannien und den Vereinigten Staaten in die Befragung einbezogen werden. Die Entscheidung
für eine Befragung in den USA erfolgte aufgrund der weltwirtschaftlichen Bedeutung amerikanischer multinationaler Unternehmen und vor dem Hintergrund, daß die Ergebnisse der bisherigen Studien zum Großteil auf Daten amerikanischer Unternehmen beruhen und somit ein Vergleich mit der vorliegenden Studie teilweise möglich wäre. Die Einbeziehung der Bundesrepublik Deutschland erschien sinnvoll und zweckmäßig, da bisher lediglich eine relevante Befragung bei deutschen Unternehmen durchgeführt worden ist. Als drittes Land sollte ein weiteres
bedeutendes europäisches Land berücksichtigt werden. Aus Praktikabilitätsgründen fiel die
Wahl auf Großbritannien.

3.2 Pretest

Ein einheitlicher, in englischer Sprache verfaßter Fragebogen sollte in der endgültigen Erhebung
eingesetzt werden.[97] Es erschien geboten, den Pretest mit Vertretern der betreffenden Nationali-
tät durchzuführen, um so auch etwaige Verständnisschwierigkeiten sprachlicher Art zu identifizieren und zu beheben. Der Fragebogen wurde in einem zweistufigen Pretestverfahren mit insgesamt neun F+E-Managern amerikanischer, britischer und deutscher Unternehmen getestet.[98]
Die Pretests fanden zum einen im Rahmen der 'Special Summer Session' (R&D Management)
1989 der Sloan School of Management des Massachusetts Institute of Technology in
Boston/USA, zum anderen während der 'First TIM Conference on Technology Management'
1989 in Hamburg statt. In ausführlichen Gesprächen, die zwischen einer halben Stunde und
zwei Stunden dauerten, wurde der Fragebogen durchgesprochen. Hierbei ging es vor allem um:

---

tionalen Unternehmen durch. Die Ergebnisse des Pretests von Ghoshal/Nohria lassen sich nicht ohne weiteres auf die vorliegende Untersuchung übertragen. Sie bestärken jedoch den Autor in der hier gewählten
Vorgehensweise.

[97]   In multinationalen Unternehmen erfolgt die Kommunikation mit den Auslandstöchtern ohnehin größten-
teils in englischer Sprache. Darüber hinaus kann im wissenschaftlich-technischen Bereich, d.h. innerhalb
der F+E-Funktion, von einer starken Verbreitung der englischen Sprache ausgegangen werden.

[98]   Im Vorfeld der Fragebogenerstellung wurden in Deutschland und den USA im Frühjahr 1989 sechs Interviews mit F+E-Managern multinationaler Unternehmen geführt. Es handelte sich hierbei entweder um
Mitarbeiter ausländischer F+E-Einheiten oder um Mitarbeiter in den Headquarters, die über langjährige
Auslandserfahrung verfügten. Es wurden Fragen zum Ausmaß und zur Begründung ausländischer F+E-Tä-
tigkeit und damit zusammenhängender Managementprobleme erörtert. Die Gespräche dienten dem praxis-
nahen Verständnis von Auslands-F+E. Die Gesprächspartner wurden nicht in die beiden Pretestrunden einbezogen, um eine Reifung der Befragten zu vermeiden. Aus dem gleichen Grund wurden auch die Teilneh-

-   das Verständnis und die Klarheit der Fragestellung (Eindeutigkeit von Begriffen, Abgrenzungsschwierigkeiten, inhaltlicher Aufbau und Abfolge der Fragen),

-   die Verfügbarkeit sowie die Schwierigkeit bei der Beschaffung der gewünschten Daten im Unternehmen,

-   die Vollständigkeit der Variablen in bezug auf den Untersuchungsgegenstand (dies betrifft vor allem die Bestimmungsgründe für die F+E-Aktivitäten im Ausland),

-   die Sicherstellung von Varianz in der Beschreibung der ausländischen F+E-Einheiten (Hinweis auf unterschiedliche Aufgabenstellungen bzw. Typen von F+E-Einheiten),

-   das Interesse an der Studie und die dem Fragebogen entgegengebrachte Aufmerksamkeit der Antwortenden (eventuell auftretendes Springen) und

-   den Zeitbedarf zum Ausfüllen des Fragebogens.

Die beiden Pretestrunden führten zu geringfügigen sprachlichen Veränderungen und erläuternden Ergänzungen im Fragebogen. Die Fragen zur Höhe des F+E-Budgets und zur Mitarbeiterzahl wurden von einer Ratio- in eine Intervallskalierung überführt. Rege Diskussion löste die Erfolgsbeurteilung aus. Hierbei ging es weniger um die Frageformulierung als vielmehr um die Tatsache einer Beurteilung an sich. Es wurde deutlich, daß die Thematik in den Unternehmen zunehmend an Bedeutung gewonnen hat. Es besteht jedoch keineswegs Einigkeit über die Beurteilungskriterien, die derzeit in den Unternehmen eingesetzt werden bzw. die zum Einsatz kommen sollten. Die Anregungen der Praxis schlugen sich im Fragebogen in einer Präzisierung und Vereinfachung des Effektivitäts-Erfolgsmaßes nieder.

3.3 Auswahl der Unternehmen in den USA, der Bundesrepublik Deutschland und in Großbritannien

Die Befragung erstreckte sich auf multinationale Unternehmen aus den USA, Großbritannien und der Bundesrepublik Deutschland. Die Untersuchungseinheit der vorliegenden Studie ist die

---

mer der Pretestrunden nicht als Adressaten der eigentlichen Befragung verwandt. Vgl. Campbell/Stanley (1973, Designs).

ausländische F+E-Einheit. Es galt, pro Unternehmen Daten über möglichst viele derartiger F+E-Einheiten zu erhalten. Zwei Vorgehensweisen bieten sich hierzu an:

1. Für jede ausländische F+E-Einheit wird ein Fragebogen ausgefüllt, d.h. den Unternehmen werden mehrere kurze Fragebögen beigelegt in der Hoffnung, daß möglichst viele Fragebögen bearbeitet zurückgesandt werden.

2. Der Fragebogen wird so aufgebaut, daß er die Möglichkeit bietet, für mehrere ausländische F+E-Einheiten Daten bereitzustellen, d.h. es liegt nur ein umfangreicher Fragebogen vor.

Bei der ersten Alternative stellt sich die Frage, ob sich der Antwortende die Mühe macht, mehr als einen Fragebogen durchzugehen. Seine Bereitschaft zur Teilnahme an der Studie wird sich vermutlich nur auf das Ausfüllen eines Fragebogens erstrecken. Bei der zweiten Alternative ist zu vermuten, daß ein Unternehmen, das zur Teilnahme an der Studie bereit ist (und über mehrere ausländische F+E-Einheiten verfügt), eher gewillt ist, Daten über verschiedene Einheiten in einem kompakten Fragebogen zur Verfügung zu stellen als diverse einzelne Fragebögen auszufüllen. Beim Antwortenden findet so ein direkter Vergleich der betrachteten ausländischen F+E-Einheiten statt, was sich positiv auf die Validität der Daten auswirken dürfte. Ein solcher direkter Vergleich ist erwünscht, da mögliche vermutete Unterschiede in der Aufgabenstellung bzw. strategischen Stoßrichtung von F+E-Einheiten (innerhalb eines Unternehmens) deutlich zutage treten können.

Der Fragebogen folgt in seiner endgültigen Fassung (siehe Anlage 1 im Anhang) der zweiten Alternative. Jedes Unternehmen kann mit bis zu sechs ausländischen F+E-Einheiten an der Studie teilnehmen, was die Frage nach der Auswahl von Einheiten aufwirft.

Folgende Lösung wurde hierzu realisiert: Die Antwortenden wählen aus sechs vorgegebenen Ländergruppen je eine F+E-Einheit aus, mit der sie am besten vertraut sind. Die Ländergruppen spiegeln geographische Regionen wider und sollen somit eine möglichst breit gestreute Verteilung der Standorte im Sample sicherstellen. Folgende Gruppierung der Länder wurde im Fragebogen vorgegeben:

Region A: Nordamerika (USA, Kanada)

Region B: Europa, größere Länder (Frankreich, Italien, Bundesrepublik Deutschland, Großbritannien)

Region C: Europa, kleinere Länder (Schweiz, Belgien, Niederlande, Skandinavien, Spanien)

Region D: Japan

Region E: Schwellenländer, NICs/Newly Industrialized Countries (Korea, Taiwan, Singapur, Indien, Brasilien, Mexiko)

Region F: Rest der Welt

Unternehmen, die in einer bestimmten Region über keine F+E-Einheit verfügen, wurde die Möglichkeit eingeräumt, eine oder mehrere zusätzliche F+E-Einheiten aus anderen Regionen auszuwählen.[99]

Bei der Auswahl der Unternehmen trat das Problem auf, daß weder für die USA und Großbritannien noch für die Bundesrepublik Deutschland ein Verzeichnis von Unternehmen mit ausländischen F+E-Aktivitäten existiert.

Für die USA wurde anhand des "R&D Scoreboard" der Business Week eine Liste der Unternehmen mit den höchsten F+E-Aufwendungen erstellt. Um zu vermeiden, daß die Liste Unternehmen enthält, die lediglich in einem Jahr einen hohen F+E-Aufwand aufweisen, wurde das "R&D Scoreboard" der beiden Jahre 1987 und 1988 verwendet.[100] Ferner wurden nur amerikanische Unternehmen ausgewählt, die sich nicht im Mehrheitsbesitz anderer - amerikanischer oder nichtamerikanischer - Unternehmen befanden. Da die Beantwortung des Fragebogens eine umfassende Kenntnis der weltweiten F+E-Aktivitäten eines Unternehmens voraussetzt, erschien es sinnvoll, den Fragebogen dem Leiter der F+E-Abteilung in den Headquarters der

---

[99]   Um bei der Beantwortung der Fragen die ausgewählten F+E-Einheiten stets präsent zu haben, wurde der Fragebogen mit einem herausklappbaren Rückenteil versehen, auf dem die Standorte der ausgewählten Einheiten von den Antwortenden eingetragen werden sollten (siehe Fragebogen im Anhang).

[100]   o. V. (1988, R&D Scoreboard) und o. V. (1989, R&D Scoreboard).

Unternehmen zukommen zu lassen.[101] An das Versenden des Fragebogens an einen konkreten Adressaten mit persönlichem Anschreiben wurde die Erwartung geknüpft, eine höhere Akzeptanz des Fragebogens und demzufolge einen positiven Einfluß auf die Rücklaufquote zu erzielen.[102] Anhand des "Directory of American Research and Technology 1988"[103] wurden die gewünschten Personen identifiziert. Die auf diese Weise erstellte Liste von knapp 500 amerikanischen Unternehmen mit Ansprechpartnern weist eine Schwachstelle auf: wir wissen nicht, ob alle Unternehmen im Ausland (d.h. außerhalb der USA) F+E-Aktivitäten durchführen. Dieses Manko ließe sich nur dadurch beheben, daß vorab telefonisch erfragt wird, ob solche Aktivitäten vorliegen. Die Kosten einer solchen Telefonaktion hätten den finanziellen Rahmen dieses Forschungsprojektes gesprengt. Streuverluste mußten deshalb in Kauf genommen werden.[104] Bei der Liste von knapp 500 Unternehmen ist davon auszugehen, daß sie nicht alle amerikanischen Unternehmen mit ausländischen F+E-Aktivitäten erfaßt. Ein Census des U.S. Department of Commerce für das Jahr 1966 weist 537 Unternehmen mit F+E-Aufwendungen im Ausland aus.[105] Seit 1966 dürfte sich die Zahl der Unternehmen erhöht haben. Die vorliegende Studie führt eine Teilerhebung durch mit deutlichem Fokus auf Unternehmen mit hohen F+E-Ausgaben.

Für die Ermittlung der Stichprobe in der Bundesrepublik Deutschland stand kein mit dem 'R&D Scoreboard' vergleichbares Verzeichnis zur Verfügung. Anhand des Handbuchs der Großunternehmen von Hoppenstedt[106] wurden die 300 umsatzgrößten deutschen Industrieunternehmen zusammengestellt, wobei in Deutschland ansässige Tochterunternehmen ausländischer Konzerne keine Berücksichtigung in dieser Liste fanden. Bei allen 300 Unternehmen wurde vorab telefonisch erfragt, ob im Ausland F+E-Einheiten betrieben werden und wer der geeignete Ansprechpartner in der Muttergesellschaft in Deutschland ist. Dieses Vorgehen ermöglichte erst-

---

[101]   Die Leiter der weltweiten F+E-Aktivitäten führen in amerikanischen Unternehmen oftmals den Titel "Vice President of R&D", "Head of R&D" oder "Chief Technical Officer". In einigen Unternehmen gibt es auch die Funktion "Head of International R&D".

[102]   Als Anreiz zur Teilnahme an der Studie wurde den Unternehmen angeboten, ihnen auf Wunsch einen Kurzbericht der Ergebnisse zuzusenden.

[103]   o. V. (1987, Directory American Research).

[104]   Die Güte der Liste wurde auf verschiedene Weise überprüft. Alle amerikanischen Unternehmen des "World Directory of Multinational Enterprises", für die Aufwendungen für Auslands-F+E angegeben sind, befinden sich in der Liste, siehe Stopford (1983, Directory).

[105]   Angaben entnommen aus Creamer (1976, Overseas Research), S. 2 f.

[106]   Vgl. Hoppenstedt (1989, Handbuch 1) und Hoppenstedt (1989, Handbuch 2). In Ergänzung zum Hoppenstedt wurden noch weitere Übersichten über die größten Unternehmen in der Bundesrepublik konsultiert (Frankfurter Allgemeine Zeitung, Die Welt).

malig eine Abschätzung der im Ausland Forschung und Entwicklung treibenden deutschen Unternehmen. Ihre Zahl belief sich im Jahr 1990 auf 87 Unternehmen.[107] Es ist kaum anzunehmen, daß sich unter den nächst umsatzschwächeren Unternehmen noch viele mit F+E-Aktivitäten im Ausland befinden. So kann vermutet werden, daß als Auswahlbasis näherungsweise die Grundgesamtheit ermittelt wurde.

Die Bestimmung der Stichprobe in Großbritannien erfolgte in der gleichen Weise wie in der Bundesrepublik Deutschland.[108] 250 britische Industrieunternehmen wurden vorab telefonisch kontaktiert, wobei 66 Unternehmen die Kriterien für die Aufnahme in die Stichprobe erfüllten.[109] Wie bei der Befragung in der Bundesrepublik Deutschland kann man auch hier näherungsweise von einer Totalerhebung sprechen.

3.4 Charakterisierung der Stichprobe

Die Fragebogenerhebung fand 1990 statt. In den USA wurden 478 Unternehmen angeschrieben.[110] Es wurden 52 Fragebögen mit Daten zu 132 ausländischen F+E-Einheiten ausgefüllt (siehe Abb. 3-1). Aufgrund falscher Adressen bzw. des Ausscheidens der angeschriebenen Person aus dem Unternehmen kamen 26 Fragebögen zurück. 10 Unternehmen verweigerten die Teilnahme an der Studie. Weitere 28 Unternehmen schrieben, daß sie über keine F+E-Aktivitäten im Ausland verfügten. Die Rücklaufquote von 12% fiel geringer aus als erwartet. Das im Abschnitt 3.2 angesprochene Sampling Problem läßt vermuten, daß eine Reihe der Unternehmen, die nicht geantwortet haben, über keine ausländischen F+E-Aktivitäten verfügen.

---

107 In der Fragebogenerhebung wiesen 17 der 87 Unternehmen darauf hin, daß sie keine ausländischen F+E-Einheiten im in dieser Arbeit interessierenden Sinne unterhalten. Die Abweichung von der telefonischen Auskunft ist u.a. darauf zurückzuführen, daß es sich teilweise um Joint Ventures handelt bzw. daß sich die ausländischen Aktivitäten gerade im Aufbau befinden.

108 Als Unternehmensverzeichnis wurde o. V. (1990, Largest Companies) verwandt.

109 Sieben der 66 Unternehmen gaben in der Fragebogenerhebung an, über keine ausländischen F+E-Einheiten zu verfügen.

110 Das Anschreiben stammte von der Sloan School of Management des Massachusetts Institute of Technology (MIT). Durch die Kooperation mit dem MIT sollte die Bereitschaft amerikanischer Unternehmen zur Teilnahme an der Studie gefördert werden.

Abb. 3-1
Stichprobe und Antwortverhalten

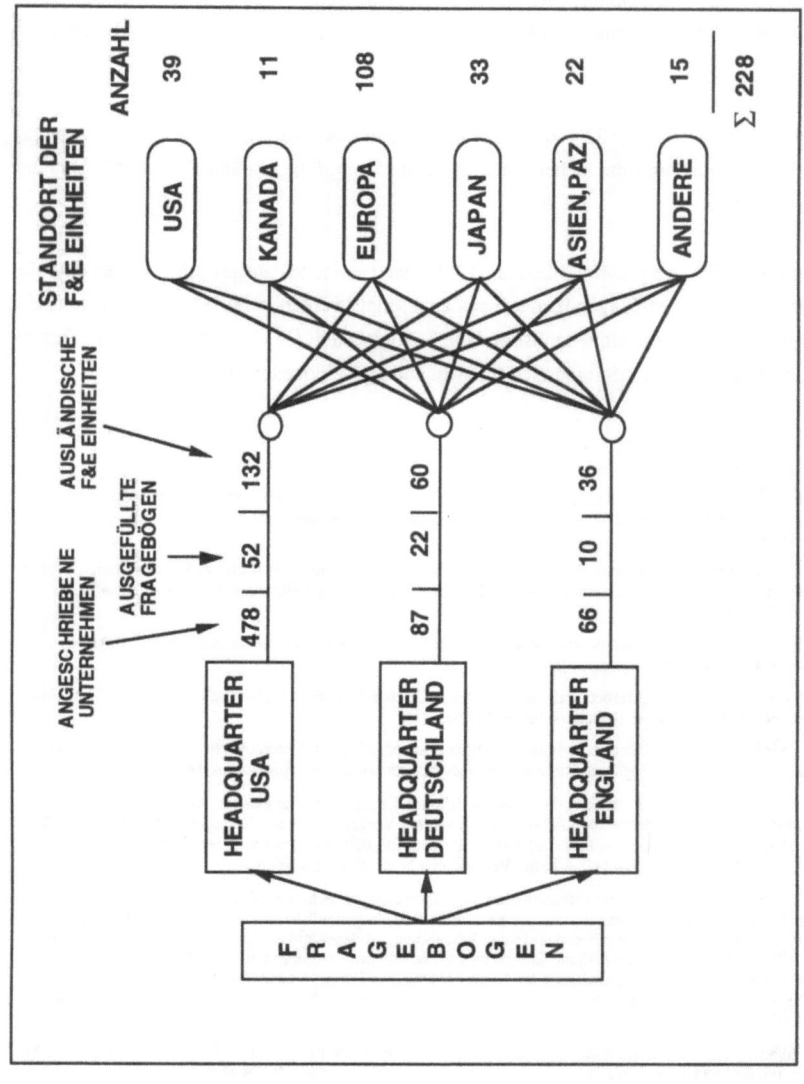

Von den 87 angeschriebenen deutschen Unternehmen nahmen 22 an der Untersuchung teil (Rücklaufquote 31%)[111] und stellten Daten über 60 ausländische F+E-Einheiten bereit. In Großbritannien lag die Rücklaufquote mit 17% etwas niedriger[112]: 10 Unternehmen (die Stichprobe umfaßte 66 Unternehmen) füllten den Fragebogen für 36 ausländische F+E-Einheiten aus.[113]

Insgesamt liegen Daten über 228 ausländische F+E-Einheiten vor, die zu 84 Unternehmen gehören.[114] Es konnte damit die bisher umfangreichste Stichprobe ausländischer F+E-Einheiten gewonnen werden.

Im Durchschnitt wurden pro Unternehmen 2,7 Auslandseinheiten ausgewählt, was als eine Bestätigung des gewählten Fragebogenaufbaus angesehen werden kann.[115] Die Verteilung der Anzahl ausgewählter F+E-Einheiten ist in Abb. 3-2 dargestellt.[116] Zwei Drittel der teilnehmenden Unternehmen stellten Informationen für zwei und mehr Einheiten zur Verfügung.

---

[111] Die Rücklaufquote bezieht sich auf die Zahl von 70 Unternehmen, die sich aus der Verringerung der 87 angeschriebenen Unternehmen um jene 17 Unternehmen ohne ausländische F+E-Aktivitäten ergibt (siehe Fußnote 107).

23 Unternehmen verweigerten ihre Teilnahme an der Untersuchung. Eine Reihe von Unternehmen begründeten ihre Entscheidung mit dem Hinweis auf die laufende Umstrukturierung der in- und ausländischen F+E-Aktivitäten.

[112] Ein Teil der britischen Unternehmen wurde von der R&D Research Unit an der Manchester Business School angeschrieben.

[113] Sieben Unternehmen schrieben, daß sie keine ausländischen F+E-Einheiten betreiben würden. Zwei Unternehmen verweigerten die Teilnahme an der Studie.

In der Bundesrepublik Deutschland und Großbritannien erhielten die Unternehmen mehrere Wochen nach Verschicken der Fragebögen im Rahmen der Nachfaßaktion ein Erinnerungsschreiben.

[114] Auf die Regionalstruktur der Einheiten wird in Kapitel 4.1.1 näher eingegangen. An dieser Stelle dient die Angabe der Standorte der Verdeutlichung des gewählten Vorgehens bei der Befragung: Die Muttergesellschaft gibt Auskunft über ausländische F+E-Einheiten, folglich kann zwischen Headquarter USA (132 Einheiten) und dem Standort USA keine Verbindungslinie gezogen werden.

[115] Der Fragebogen bot den Antwortenden die Möglichkeit, bis zu sechs F+E-Einheiten auszuwählen (vgl. Kapitel 3.2). Als weitere Bestätigung des gewählten Fragebogenaufbaus kann das Antwortverhalten innerhalb der Fragebögen gewertet werden: In den Fragebögen, in denen zwei oder mehr F+E-Einheiten betrachtet wurden, sind die Fragen für jede Einheit einzeln beantwortet worden, d.h. es kam nicht zu einer pauschalen, mehrere Einheiten umfassenden Beantwortung von Fragen. Ferner fallen die Antworten vielfach unterschiedlich aus für die betrachteten Einheiten innerhalb eines Fragebogens, was auf Varianz zwischen den Einheiten eines Unternehmens schließen läßt.

[116] Es handelt sich hierbei nicht um die Gesamtzahl an ausländischen F+E-Einheiten von Unternehmen, sondern um die Anzahl an Einheiten, für die Daten bereitgestellt wurden. Die Gesamtzahl ausländischer F+E-Einheiten liegt in einigen Unternehmen bei über 30 (vgl. Kapitel 2).

Abb. 3-2

**Verteilung der Anzahl der von den Unternehmen
ausgewählten F+E-Einheiten**

Anzahl der Einheiten	Zahl der Unternehmen	
pro Unternehmen	absolut	in %
1	30	35,7
2	14	16,7
3	15	17,9
4	8	9,5
5	9	10,7
6	8	9,5
Total	84	100

In allen drei Ländern wurden die Fragebögen von hochrangigen Konzernmanagern ausgefüllt:
In mehr als der Hälft e der Unternehmen nahm sich die oberste Führungsebene der Studie an.
In 8% der Unternehmen waren die Leiter der internationalen F+E-Aktivitäten mit dem Ausfüllen
betraut. Die Leiter der F+E-Planung stellten knapp 30% der Antwortenden dar. Abb. 3-3 verdeutlicht, daß die bereitgestellten Daten die Sicht des Top-Managements der Muttergesellschaft
widerspiegeln.

Abb.   *3-3*

Verteilung der Antwortenden

Position im Unternehmen	% der Unter- nehmen	% der F+E- Einheiten
Leiter F+E (Vorstand, Presi- dent, Chairman)	58	49
Leiter internationale F+E	8	13
Leiter F+E-Planung	28	30
außerhalb des F+E-Bereichs	6	8
Total	100	100

Die Größe der teilnehmenden Unternehmen gibt Abb. 3-4 in Gestalt der Höhe des weltweiten F+E-Budgets bzw. der weltweit beschäftigten F+E-Mitarbeiter im Jahre 1988 wieder. Generell ist festzustellen, daß es sich bei Werten von durchschnittlich 3.808 F+E-Mitarbeitern bzw. 348 Mio. $ F+E-Budget um große Unternehmen handelt. Deutsche Unternehmen unter den Antwortenden verfügen durchschnittlich über größere F+E-Kapazitäten als amerikanische und britische.[117] Bei dem teilweise geringen Stichprobenumfang können Extremwerte die Durchschnittsbildung stark beeinflussen. Es liegen lediglich für gut dreiviertel der teilnehmenden Unternehmen vollständige Größenangaben vor. Beim F+E-Budget ist davon auszugehen, daß die Umrechnung in US Dollar mit unterschiedlichen Wechselkursen vorgenommen wurde und daher geringe Verzerrungen möglich sind.

---

[117]   Die Unterschiede sind statistisch nicht signifikant.

Abb. *3-4*

Größenstruktur der Muttergesellschaften (Angaben für das Jahr 1988)

F+E-Mitarbeiter welt-weit	Gesamt	USA	Deutsch-land	Groß-britannien
Mittelwert	3.808	3.858	4.091	3.052
Median	1.000	780	1.460	1.900
F+E-Budget weltweit in Millionen $	Gesamt	USA	Deutsch-land	Groß-britannien
Mittelwert	348	334	440	231
Median	70	52	150	40
F+E-Internationalisie-rung in %, Mitarbeiter	Gesamt	USA	Deutsch-land	Groß-britannien
Mittelwert	29,2	25,9	27,5	46,5
Median	28,6	20,5	29,9	42,1
F+E-Internationalisie-rung in %, Budget	Gesamt	USA	Deutsch-land	Groß-britannien
Mittelwert	26,7	22,6	28,2	41,4
Median	25,0	20,0	33,3	35,8
Stichprobengröße *)	n = 65	n = 39	n = 17	n = 9

*) missing values führten zu einer geringeren Stichprobengröße

Ein Teil der angesprochenen Probleme fällt bei der Betrachtung von Verhältniszahlen nicht mehr ins Gewicht. Der F+E-Internationalisierungsgrad gibt Aufschluß darüber, wie hoch der Anteil der im Ausland beschäftigten F+E-Mitarbeiter an der Gesamtzahl der weltweit in dem Unternehmen tätigen F+E-Mitarbeiter ist (analog hierzu wurde die Budget-F+E-Internationalisierung berechnet). Es zeigt sich, daß die betreffenden Unternehmen gut ein Viertel ihrer F+E-Anstrengungen im Ausland unternehmen. Diese Zahlen unterstreichen die Bedeutung, die der Internationalisierung von F+E zukommt. Die amerikanischen Unternehmen weisen den geringsten Internationalisierungsgrad auf. Mit über 40% liegen die Werte der britischen Unternehmen erstaunlich hoch, wobei mögliche Verzerrungen durch die geringe Stichprobengröße nicht vergessen werden dürfen.

Bei den Unternehmen handelt es sich in einer Reihe von Fällen um Mischkonzerne, die in verschiedenen Branchen aktiv sind. Eine klare Zuordnung zu einzelnen Branchen ist nur schwer möglich und wird daher auch nicht vorgenommen. Es sei an dieser Stelle auf die Ausführungen zur Branchenstruktur der ausländischen F+E-Einheiten in Kapitel 4.1.2 verwiesen.

In den folgenden Kapiteln werden die Befunde der oben beschriebenen Fragebogenerhebung dargestellt und diskutiert. Die gewählte Erhebungsmethode und die Ausgestaltung des Befragungsinstrumentes weisen potentielle Schwachstellen auf, auf die an dieser Stelle hingewiesen werden soll:

-   Die Auswahl der Auslandseinheiten erfolgte nach subjektiver Einschätzung durch den Antwortenden selber. Es ist denkbar, daß vorzugsweise F+E-Einheiten ausgewählt wurden, mit deren Ergebnissen der F+E-Manager der Muttergesellschaft besonders vertraut oder zufrieden ist, d.h. eher erfolgreiche Einheiten im Sample vertreten sind. Hierdurch könnte es zu einer Verzerrung der Daten kommen.

-   Lediglich eine Person stellt die Daten bereit. Insbesondere bei den Wahrnehmungsdaten stellt sich die Frage, inwieweit mehrere Vertreter eines Unternehmens gleiches oder ähnliches Antwortverhalten zeigen würden.

-   In der vorliegenden Arbeit kommt ausschließlich die Sichtweise der Muttergesellschaft zum Ausdruck. Diese kann durchaus von der Sicht der ausländischen F+E-Einheiten abweichen. Zur Überprüfung der These von unterschiedlichen Sichtweisen wäre es erforderlich, zusätzlich bei den ausländischen F+E-Einheiten Daten zu erheben.[118]

Aus Praktikabilitätserwägungen (d.h. Zeit und Kosten der Erhebung, zeitliche Inanspruchnahme von Führungskräften der Wirtschaft und dem mit einem höheren Zeitbedarf einhergehenden Risiko der Teilnahmeverweigerung) läßt sich die gewählte Vorgehensweise rechtfertigen.

---

[118]   Siehe hierzu den Vorschlag von Brockhoff/v. Boehmer (1993, Global R&D), S. 406, der neben den Unterschieden zwischen Muttergesellschaft und Tochtergesellschaft auch die möglicherweise unterschiedlichen Sichtweisen des F+E-Managements und der nachgeordneten Wissenschaftler und Ingenieure zu erfassen sucht.

Vor dem Hintergrund der genannten methodischen Schwierigkeiten müssen die in den folgenden Kapiteln dargestellten Ergebnisse mit der erforderlichen Vorsicht betrachtet werden.[119]

---

[119] In Ergänzung zu der Fragebogenerhebung und zu dessen Validierung wurden mehrere Interviews mit F+E-Managern in Großbritannien durchgeführt (siehe Kapitel 6.3).

4 Was geschieht in Auslands-F+E-Einheiten?

Die in Kapitel 3.4 vorgenommene Charakterisierung der Stichprobe bezog sich auf die an der Untersuchung teilnehmenden Unternehmen. Das vierte und die folgenden Kapitel beziehen sich ausschließlich auf die ausländischen F+E-Einheiten als Objekt der Betrachtung. Im ersten Teil von Kapitel 4 werden die 228 ausländischen F+E-Einheiten anhand der Variablen Regional- und Branchenstruktur, Größe, Art der Errichtung, Alter, Budgetaufteilung und Empfänger von F+E-Ergebnissen beschrieben (Kapitel 4.1). Im zweiten Teil erfolgt die Identifizierung und Erörterung unterschiedlicher Typen von Einheiten (Kapitel 4.2).[120]

4.1 Beschreibung der F+E-Einheiten

4.1.1 Regionale Verteilung

Nahezu die Hälfte (47,3%) der F+E-Einheiten des Samples befindet sich in Europa (Westeuropa), wobei auf die drei Länder England, Frankreich und Deutschland 64 Einheiten (28,0%) entfallen (siehe Abb. 3-1 und Abb 4-1). Der asiatisch-pazifische Raum (inklusive Japan) dient in knapp einem Viertel (24,1%) der Fälle, Nordamerika (USA und Kanada) in einem guten Fünftel der Fälle (21,9%) als Standort. Die verbleibenden 15 Einheiten (6,6%) verteilen sich auf Länder in Südamerika und Afrika. Mit 39 Einheiten beherbergt die USA die meisten Einheiten, gefolgt von Japan mit 33. Standorte in Industrieländern dominieren die Stichprobe mit 89%.

---

[120] Die statistischen Berechnungen in der vorliegenden Arbeit wurden mit Hilfe des Programms "SPSS for the Macintosh 4.0" durchgeführt.

Abb.   4-1

Regionale Verteilung der Einheiten

Land	Anzahl	in Prozent
USA	39	17,1
Japan	33	14,5
England	27	11,8
Frankreich	19	8,3
Deutschland	18	7,9
Belgien	11	4,8
Kanada	11	4,8
Rest Europa	33	14,5
Asien und Pazifik	22	9,6
Südamerika und Afrika	15	6,6
Insgesamt	228	100

4.1.2 Branchenstruktur

Die Zuordnung der F+E-Einheiten zu einzelnen Branchen ist in Abb. 4-2 dargestellt. Die meisten Einheiten gehören der Chemischen Industrie an (28,5%). Gemeinsam mit der Elektrotechnischen und Pharmazeutischen Industrie umfassen sie dreiviertel der Einheiten. Ein Sechstel der Einheiten (15,8%) zählt zum Maschinenbau. Die verbleibenden 9,2% sind der Lebensmittelindustrie bzw. dem Agrarbereich zuzurechnen.

Abb.   4-2

Branchenstruktur der F+E-Einheiten

Branche	Anzahl	Prozent
Chemie	65	28,5
Elektrotechnik	59	25,9
Pharma	47	20,6
Maschinenbau	36	15,8
Lebensmittel, Agrar	21	9,2
Insgesamt	228	100

4.1.3 Größe

Die Größe der Einheiten wurde anhand von zwei Variablen bestimmt, dem F+E-Budget in US Dollar und der Anzahl an F+E-Mitarbeitern im Jahr 1988. Die beiden Variablen weisen eine ähnliche Verteilung auf (siehe Abb. 4-3).[121] Nahezu 40% der Einheiten sind mit weniger als 20 Mitarbeitern als klein einzustufen. Ebensoviele Einheiten zählen zu den großen (50 - 200 Mitarbeiter) bzw. sehr großen (mehr als 200 Mitarbeiter) Einheiten. Mittelgroße Einheiten, die zwischen 20 und 50 Wissenschaftler und Ingenieure beschäftigen, sind mit rund 20% im Sample vertreten.

---

[121]   Die Abweichungen zwischen den beiden Variablen betreffen die beiden ersten Intervalle. Es ist zu vermuten, daß mögliche Währungsumrechnungen mit unterschiedlichen Wechselkursen vorgenommen wurden. Die folgenden Ausführungen orientieren sich daher vornehmlich an den Mitarbeiterzahlen.

Abb. 4-3

Größe der F+E-Einheiten im Jahr 1988

F+E-Budget in $	Anzahl	in Prozent
> 0 - 2 Millionen	73	34,0
2 - 5 Millionen	54	25,1
5 - 20 Millionen	52	24,2
20 Millionen und mehr	36	16,7
Insgesamt	215	100
F+E-Mitarbeiter	Anzahl	in Prozent
1 - 20	85	39,5
20 - 50	42	19,5
50 - 200	56	26,0
200 und mehr	32	14,9
Insgesamt	215	100

4.1.4 Art der Errichtung und Alter

In der Literatur wird immer wieder betont, daß ein nicht unerheblicher Anteil der ausländischen F+E-Einheiten gerade in den letzten Jahren auf dem Wege von Akquisitionen Teil des multinationalen Unternehmens geworden ist (siehe Kapitel 2.1.1). Durch technologisch motivierte Unternehmenskäufe bzw. -zusammenschlüsse versuchen Unternehmen, sich gezielt Zugang zu technologischem Wissen zu verschaffen. Akquisitionen, die aus nicht-technologischen Gründen vorgenommen worden sind, zerstören allerdings das gern gepflegte Bild des strategisch durchdachten F+E-Auslandsengagements. Die Art und Weise, wie die ausländischen F+E-Aktivitäten der vorliegenden Studie errichtet worden sind, zeigt Abb. 4-4. Zwei Drittel der Einheiten wur-

den neu aufgebaut, das verbleibende Drittel war das Resultat von Akquisitionen. Bei den 78 akquirierten Einheiten erfolgte die Akqusition zu einem Drittel aus technologischen Gründen und
zu zwei Dritteln aus nicht-technologischen Gründen, was auf die gesamte Stichprobe bezogen
zu einem Anteil von 22,8% führt. Die aus nicht-technologischen Gründen akquirierten F+E-
Einheiten wurden teilweise durch Veränderungen bzw. Erweiterungen in die F+E-Netzwerke
der Unternehmen integriert. Ein möglicher Einfluß der Variablen "Akquisition" wird in den folgenden Analysen berücksichtigt und an gegebener Stelle angesprochen.

Abb.   4-4

Art der Errichtung der F+E-Einheiten

Art und Weise	Anzahl	in Prozent
Akquisition (acquired)	41	18,1
Akquisition mit späteren Erweiterungen (acquired, expansion(s) made since acquisition)	37	16,3
Aufbau "auf der grünen Wiese", durch Akquisition ergänzt (built from scratch, expanded by acquisition)	7	3,1
Aufbau "auf der grünen Wiese" (built from scratch)	142	62,6
Insgesamt	227	100

Die Betrachtung des Entstehungsjahres der Einheiten zeigt deutlich, daß zum Zeitpunkt der Befragung knapp die Hälfte der Einheiten noch keine 10 Jahre existierte (siehe Abb. 4-5). Wie
oben bereits ausgeführt wurde, handelt es sich bei dem Phänomen ausländischer F+E um eine
jüngere Entwicklung, was sich in der Altersstruktur des Samples widerspiegelt.

Abb. 4-5
Entstehungsjahr der F+E-Einheiten

Zeitraum	Anzahl	in Prozent
vor 1950	8	4,1
1950 - 1959	12	6,3
1960 - 1969	32	16,5
1970 - 1979	53	27,5
1980 und später	88	45,6
Insgesamt	193	100

4.1.5 Budgetaufteilung

Neben der Größe des F+E-Budgets enthält der Fragebogen auch Angaben zu der Aufteilung des Budgets auf verschiedene Arten von F+E. Hierbei stellt sich die Frage nach einer geeigneten Abgrenzung der Begriffe Grundlagenforschung, angewandte Forschung und Entwicklung. Insbesondere vor dem Hintergrund der länderübergreifenden Befragung erschien die Verwendung der Definitionen des Frascati-Handbuches der OECD sinnvoll.[122] Zwei Aspekte ausländischer F+E-Aktivitäten, die vor allem in den letzten Jahren aufgrund des globalen Wettbewerbs an Bedeutung gewonnen haben, werden von der Frascati-Definition nicht erfaßt. Zum einen können F+E-Einheiten damit betraut sein, im Ausland das wissenschaftlich-technologische Umfeld systematisch zu beobachten, um stets weltweit über neue Entwicklungen informiert zu sein und schnell reagieren zu können ("Horchposten", "monitoring").[123] Hierbei gilt es vor allem,

---

[122] Vgl. OECD (1982, Frascati-Handbuch). Die OECD-Definitionen sind im Fragebogen abgedruckt. Es ist zu vermuten, daß die teilnehmenden Unternehmen nicht in vollem Umfang die OECD-Definitionen berücksichtigt haben, da z.B. ihr Berichtswesen nicht dahingehend ausgelegt ist - was bei Definitionen anderer nationaler Behörden oder Verbände ebenfalls zutreffen würde.

[123] Vgl. Ronstadt/Kramer (1982, Innovation Abroad), S. 96 f.

die Aktivitäten der Wettbewerber[124], aber auch der Zulieferer und der Kunden einzubeziehen. Zum anderen können ausländische F+E-Einheiten im Rahmen von Unternehmenskäufen tätig werden, wenn z.B. der Zugang zu bestimmten Technologien mittels einer Akquisition erfolgen soll. Sie wirken bei der Identifizierung und Auswahl geeigneter Übernahmekandidaten im Ausland mit. In die Frage nach der Budgetverteilung wurde deshalb zusätzlich Horchpostentätigkeit und Akquisitionsberatung aufgenommen.

Welcher Anteil des F+E-Budgets durchschnittlich auf die fünf verschiedenen Aktivitäten (Grundlagenforschung bis Akquisitionsberatung) fällt, gibt Abb. 4-6 wieder (Spalte "% Budget"). Die Angaben sind mit der nötigen Vorsicht zu betrachten, da die Berechnungen aufgrund des zur Verfügung stehenden Datenmaterials nur näherungsweise erfolgen konnten.[125] Entwicklungsarbeiten dominieren mit zwei Dritteln des Budgets.[126] Der nächst größere Budgetanteil entfällt auf angewandte Forschung (20,2%). Wertmäßig scheinen die Monitoring-Aktivitäten mit 5,3% nicht sehr stark ins Gewicht zu fallen. Recht unbedeutend ist die Mitwirkung bei Akquisitionen.

Das F+E-Budget der Einheiten wird sich nicht in allen Fällen auf alle fünf Aktivitäten (Grundlagenforschung bis Akquisitionsberatung) erstrecken. Abb. 4-6 (Spalte "% Einheiten") stellt dar, wieviel Prozent der Einheiten eine bestimmte Tätigkeit ausüben. Auch wenn wertmäßig betrachtet die Monitoring-Tätigkeit nur etwas mehr als 5% des Budgets ausmacht, so führt deutlich mehr als die Hälfte der Einheiten eine systematische Beobachtung von Technologien und Wettbewerbern durch. Die Zahl dürfte sogar noch höher liegen, da zu vermuten ist, daß die Befragten aufgrund der ungewohnten Fragestellung eher zurückhaltend geantwortet ha-

---

[124]   Zur Bedeutung und Gestaltung der technologischen Konkurrenzanalyse siehe Lange (1994, Konkurrenzanalyse).

[125]   Zur Berechnung des durchschnittlichen Budgetanteils der einzelnen Aktivitäten wurden die prozentualen Angaben zur Budgetverteilung gewichtet mit der Größe der Einheit verwendet (Budgetvariable). Da die Größe der Einheit nur als Größenklasse vorliegt, wurden die Klassenmittelwerte als Approximation eingesetzt. Für die Größenklasse "$ 20 million and more" läßt sich kein Mittelwert angeben. Die Budgetanteile wurden daher für verschiedene Werte der nach oben offenen Größenklasse berechnet. Bei einer Variation des Wertes um 50% nach oben und unten variierten die Budgetanteile um weniger als 10%, so daß die Lösung mit dem Wert 40 als stabil angesehen werden kann.

Die oben angesprochenen möglichen Probleme der Währungsumrechnung würden auch hier eine Gewichtung mit den Mitarbeiterzahlen sinnvoll erscheinen lassen. Unter Anwendung derselben Berechnungsweise ergeben sich Werte, die um weniger als 10% von den dargestellten Werten abweichen.

[126]   Bei sechs Prozent der Einheiten im Sample machten die Befragten Angaben in dem Feld Sonstige (Other). Hierbei handelte es sich vor allem um Aufgaben des "technical service" bzw. "technical support", die in nahezu der Hälfte der Fälle weniger als 25% des F+E-Budgets ausmachten. Aufgrund der inhaltlichen Nähe wurden die Angaben unter Sonstige der Entwicklungstätigkeit zugerechnet.

ben. Abb. 4-6 läßt ferner erkennen, daß gut ein Achtel der Einheiten aktiv in potentielle Akqui-
sitionsvorhaben eingebunden ist. Nahezu 90% der Einheiten sind mit Entwicklungsaufgaben
betraut. Angewandte Forschung wird in annähernd zwei Dritteln der Einheiten betrieben.

Abb. **4-6**

Budgetaufteilung auf Aufgaben ausländischer F+E-Einheiten

Art der F+E	% Budget	% Einheiten*
Grundlagenforschung (basic research)	7,1	27,3
Angewandte Forschung (applied research)	20,2	64,4
Entwicklung (development & engineering)	65,9	89,8
Horchposten (monitoring of technology, competitors, suppliers and users)	5,3	56,6
Akquisitionsberatung (identification and selection of potential acquisitions)	0,5	12,7
Insgesamt (n=205)	100	--

* mehrfache Antworten möglich

4.1.6 Empfänger der F+E-Ergebnisse

Die Ergebnisse der F+E-Anstrengungen der ausländischen F+E-Einheiten können beispielsweise als Entwürfe für neue Produkte, Verbesserungsvorschläge für Prozesse, als Patent oder
als Forschungsbericht vorliegen. Für die Verwertung der F+E-Ergebnisse kommen u.a. die lokalen Produktionsstätten, andere F+E-Einheiten des Unternehmens oder Zulieferer bzw. Kunden in Betracht. Abb. 4-7 gibt Aufschluß über die Hauptempfänger (major recipients) der F+E-
Ergebnisse der befragten ausländischen F+E-Einheiten. Die lokalen Produktionsstätten zählen
in über 80% der Fälle (und damit mit Abstand am häufigsten) zu den Hauptempfängern der
F+E-Ergebnisse. Diese Zahl läßt erkennen, daß die Unternehmen in der Regel in den Ländern,
in denen sie F+E-Aktivitäten unterhalten, auch über Produktionsstätten verfügen. Die Ergebnisse von 40% der ausländischen F+E-Einheiten finden an anderen Produktionsstandorten der

Unternehmen (bei der Muttergesellschaft oder bei weiteren Tochtergesellschaften) Verwendung. Die F+E-Einheiten der Muttergesellschaft (headquarter R&D) werden in 40% der Fälle als Hauptempfänger genannt. In gleichem Umfang kommen andere F+E-Einheiten der Unternehmen als Empfänger in Frage. Die letzten drei Angaben verdeutlichen, daß wissenschaftlich-technologisches Know-how nicht nur von der Muttergesellschaft zu den Tochterunternehmen, sondern auch in umgekehrter Richtung und zwischen den Tochterunternehmen übertragen wird (globale F+E Netzwerke).[127]

Abb.   4-7

Empfänger der F+E-Ergebnisse

Empfänger	% Einheiten*
lokale Produktionstätte (local manu-facturing/sales)	81,1
andere Produktionsstätten des Unter-nehmens (other manufacturing/sales of corporation)	40,4
F+E-Einheit der Muttergesellschaft (headquarter R&D)	41,7
andere F+E-Einheiten des Unterneh-mens (other R&D facilities of com-pany)	39,9
Kunden (customers)	30,7
Zulieferer (suppliers)	8,8
Wettbewerber (competitors)	0,0

* mehrere Antworten möglich (n=228)

Neben potentiellen Empfängern innerhalb des Unternehmens wurde auch nach unternehmens-externen Empfängern gefragt. Gut 30% der Einheiten gaben ihre Ergebnisse an Kunden, 8,8% an Zulieferer des Unternehmens weiter. Wettbewerber traten in keinem Fall als Empfänger auf.

---

[127]   Siehe auch Mansfield/Romeo (1984, Transfers).

4.1.7 Zusammenfassung

Eine deskriptive Analyse der 228 ausländischen F+E-Einheiten zeigt, daß vor allem Unternehmen der Chemischen, Pharmazeutischen und Elektrotechnischen Industrie im Ausland F+E-Ak-
tivitäten unterhalten. Als Standorte dominieren Industrieländer, wobei sich knapp die Hälfte der
Einheiten in Europa befindet. Japan ist mit 33 Einheiten recht stark im Sample vertreten.

Kennzeichnend für die zunehmende Internationalisierung von F+E-Aktivitäten in den letzten
Jahren ist das Entstehungsjahr der Einheiten. Knapp die Hälfte der Einheiten entstand in den
achtziger Jahren. Bei Betrachtung der Art der Errichtung fällt auf, daß der weitaus überwie-
gende Teil der Einheiten auf Gründungen "auf der grünen Wiese" beruht. Auf Akquisitionen
läßt sich gut ein Drittel der Einheiten zurückführen.

Die Größe der F+E-Einheiten ist recht unterschiedlich. Die Gruppe der Einheiten mit weniger
als 20 Mitarbeitern ist am stärksten vertreten (40%). Gleichwohl sind im Sample eine Reihe von
großen Einheiten mit mehr als 200 F+E-Mitarbeitern anzutreffen.

Die F+E-Einheiten decken ein breites Spektrum von Aktivitäten ab. Ein klarer Schwerpunkt
liegt bei Entwicklungsarbeiten. In begrenztem Umfang werden Projekte der Grundlagenforschung und der angewandten Forschung durchgeführt. Eine nicht zu unterschätzende Bedeutung kommt dem Monitoring der Wettbewerber und des wissenschaftlich-technischen Umfeldes
zu.

Die Hauptempfänger der Ergebnisse der F+E-Projekte sind an unterschiedlichen Stellen im
Unternehmen auszumachen (fast immer lokale Produktion, häufig auch andere F+E-Einheiten).
Dies deutet auf einen wechselseitigen Informationsfluß zwischen Mutter- und Tochtergesell-
schaften hin.

Im Ergebnis zeichnen die angesprochenen Strukturmerkmale das Bild von weltweiten F+E-
Netzwerken mit recht unterschiedlich ausgeprägten F+E-Einheiten. Es stellt sich nun die Frage,
welche verschiedenen Aufgabenstellungen, d.h. welche Typen von Einheiten, existieren. Dieser
Frage wird im folgenden Kapitel nachgegangen.

4.2 Typen ausländischer F+E-Einheiten

4.2.1 Gruppierungsvariablen

Zur Bestimmung bzw. Charakterisierung der Typen von Einheiten sollen drei Dimensionen herangezogen werden:

die Art der Tätigkeit,

die regionale Marktorientierung und

die Interaktion der Einheiten (siehe Kapitel 2.5).

Die drei Dimensionen lassen sich durch verschiedene Variablen beschreiben, die als Gruppierungsvariablen der Klassifikation der ausländischen F+E-Einheiten mit Hilfe der Clusteranalyse zugrunde liegen.

Die Art der Tätigkeit ausländischer F+E-Einheiten läßt sich in Forschungs-, Entwicklungs- und Monitoringarbeiten unterteilen (siehe Kapitel 4.1.5). Die Taxonomien früherer Studien lassen erkennen, daß die Art der Tätigkeit mit dem Typ der Einheit variiert.[128] Die Variable Akquisitionsberatung wird in der Clusteranalyse nicht berücksichtigt, da sie als Variable mit nahezu konstantem Wert nicht trennungswirksam sein würde.[129]

Neben der Art der Tätigkeit wird der Marktorientierung der F+E-Projekte eine besondere Bedeutung für die Unterscheidung verschiedener Typen von Einheiten beigemessen. So können beispielsweise Entwicklungsarbeiten auf den lokalen, regionalen oder globalen Markt ausgerichtet sein. In einer empirischen Untersuchung von Innovationsprozessen in multinationalen Unternehmen identifizierte Ghoshal vier Innovationsprozesse: "center-for-global innovations", "local-for-local innovations", "local-for-global innovations" und "global-for-global innova-

---

[128]   Vgl. Cordell (1971, Multinational Firm), Ronstadt (1977, Research), Pearce (1989, Internationalisation), Håkanson/Nobel (1993, Foreign Research).

[129]   Vgl. Backhaus/Erichson/Plinke/Weiber (1990, Analysemethoden), S. 156. In 87,2 % der Fälle nimmt die Variable "Akquisitionsberatung" den Wert Null, in weiteren 9,1 % der Fälle einen Wert nahe Null (d.h. ≤ 5%) an.

tions".[130] Diese Klassifikation verdeutlicht, welche Unternehmenseinheiten für welchen Markt Innovationsprozesse gestalten ("center" = Headquarters/Muttergesellschaft, "local" = Tochtergesellschaft, "global" = Mutter- und Tochtergesellschaften gemeinsam).[131] Der Gedanke der Marktorientierung soll in der vorliegenden Arbeit auf die ausländischen F+E-Einheiten, die eine bedeutende Rolle in Innovationsprozessen in multinationalen Unternehmen spielen können, übertragen werden.[132] Aspekte der Marktorientierung kommen bei den in Kapitel 2.1 erörterten Taxonomien bereits ansatzweise zum Ausdruck, ohne daß die Dimension Marktorientierung jedoch explizit berücksichtigt wurde.[133]

Die dritte Dimension, die zur Charakterisierung der F+E-Einheiten herangezogen wird, Interaktion, soll einerseits erfassen, inwieweit die F+E-Projekte der einzelnen Einheit unter Einbeziehung bzw. in Kooperation mit anderen F+E-Einheiten des Unternehmens (bei der Muttergesellschaft oder den Auslandstöchtern) durchgeführt werden. Diese Dimension liegt auch der oben erwähnten Klassifikation von Ghoshal zugrunde. Andererseits stehen die ausländischen F+E-Einheiten nicht nur mit anderen F+E-Einheiten, sondern auch mit anderen Organisationseinheiten innerhalb und außerhalb des Unternehmens in Kontakt. Hierzu zählen beispielsweise die Produktion des Unternehmens, die Scientific Community vor Ort, Kunden und Lieferanten. Westney unterscheidet "internal" und "external linkages" (unternehmensinterne und -externe Verbindungen) und hebt deren Bedeutung für die Gestaltung der F+E-Einheiten hervor.[134] Unterschiede in der Zusammensetzung bzw. Struktur der "linkages" bedingen laut Westney unterschiedliche F+E-Einheiten.

Die Dimension Interaktion wird durch das Ausmaß an Kooperation zwischen den F+E-Einheiten und darüber hinaus durch die Struktur der "internal" und "external linkages" gekennzeich-

---

130   Ghoshal (1986, Innovative Multinational), S. 57. In späteren Publikationen verwendet Ghoshal andere Begriffe für die Innovationsprozesse, vgl. Ghoshal/Bartlett (1988, Innovations), Ghoshal/Bartlett (1988, Innovation Processes).

131   Für die vorliegende Studie ist der Innovationsprozeß "center-for-global", d.h. die Muttergesellschaft entwickelt Produkte und Prozesse für den Weltmarkt, nicht von Bedeutung, da hier nur die Aktivitäten der ausländischen F+E-Einheiten betrachtet werden.

132   Genau genommen müßte die Marktorientierung der einzelnen F+E-Projekte einer ausländischen F+E-Einheit untersucht werden. Dies ist jedoch aus Praktikabilitätsgründen nicht durchführbar. Die Formulierung im Fragebogen stellt daher auf die Gesamtheit der F+E-Projekte einer Einheit ab ("To what extent are the projects of the foreign R&D facility aimed at the local, regional or global market?").

133   Westney (1991, Globalization of Technology) unterstreicht die Bedeutung der Dimension Marktorientierung für die Bestimmung der Aufgabenstellung (strategic mandate) ausländischer F+E-Einheiten.

134   Vgl. Westney (1990, Internal and External Linkages).

net. Zur Erfassung (d.h. Operationalisierung) der externen und internen Kontakte der Einheiten enthält der Fragebogen für jede Einheit eine Grafik mit vierzehn unternehmensinternen bzw. -externen Organisationseinheiten, mit denen die Einheit potentiell in Kontakt stehen kann. Die Befragten sollten in einem ersten Schritt markieren, mit welchen Organisationseinheiten die jeweilige F+E-Einheit Kontakte unterhält, und in einem zweiten Schritt jedem existierenden Kontakt ein Bedeutungsgewicht beimessen. Bei der Befragung stellte sich heraus, daß zwar für alle Einheiten der erste Schritt vollzogen wurde, jedoch nur für knapp die Hälfte der Fälle auch Bedeutungsgewichte angegeben wurden.[135] Aufgrund der vielen missing values kann die Frage nach der Bedeutung der Kontakte nicht in der Clusteranalyse berücksichtigt werden. Die Stärke der Einbindung, d.h. das Ausmaß an Interaktion mit anderen Organisationseinheiten, drückt sich ansatzweise auch in der Anzahl der Organisationseinheiten aus, mit denen die F+E-Einheit in Verbindung steht. Diese Summe der Kontakte wird hier als Kontaktdichte bezeichnet und dient als Variable zur Klassifizierung. Die zweite Variable, die die Dimension Interaktion abbilden soll, ist das bereits oben erwähnte Ausmaß an Kooperation zwischen den F+E-Einheiten.

Einen zusammenfassenden Überblick über die in die Clusteranalyse eingehenden Gruppierungsvariablen und ihre Operationalisierung bietet Abb. 4-8.[136] Die Art der Tätigkeit wird durch die vier Variablen Grundlagenforschung, angewandte Forschung, Entwicklung und Monitoring erfaßt. Die drei Variablen lokaler, regionaler und globaler Markt spiegeln die Marktorientierung wider.[137] Die beiden Variablen Kontaktdichte und Kooperation beschreiben die Dimension Interaktion.

---

135   Im Pretest traten keinerlei Schwierigkeiten bei der Beantwortung dieser Frage auf, d.h. beide Teilaufgaben wurden vollständig bearbeitet.

136   Siehe auch Fragebogen im Anhang 1.

137   Die Befragten haben bei einigen ausländischen F+E-Einheiten unvollständige Angaben zur Marktorientierung abgegeben. Teilweise lassen sich die fehlenden Daten durch logische Rückschlüsse ergänzen: In den Fällen, in denen bei einer der drei Variablen lokaler Markt, regionaler Markt oder globaler Markt das Bedeutungsgewicht 5 ("exclusively") und gleichzeitig bei den anderen beiden Variablen kein Wert (also missing value) angekreuzt war, ist zu vermuten, daß die Befragten aufgrund der ausschließlichen ("exclusively") Ausrichtung auf einen Markt eine Angabe für die anderen beiden Marktorientierungen für überflüssig erachtet haben. Es erscheint somit plausibel, den beiden für überflüssig erachteten Variablen den Wert 1 ("not at all") zuzuordnen. Diese Plausibilitätsüberlegungen lassen sich bei anderen Bedeutungsgewichten der Variablen nicht überzeugend vorbringen und führten folglich dort auch zu keinen Ergänzungen der Daten.

Abb.   4-8

Gruppierungsvariablen

Dimensionen	Variablenbezeichnung	Meßvorschrift für die Variablen
Art der Tätigkeit	Grundlagenforschung (basic research)	Prozent des F+E-Budgets der ausländischen F+E-Einheit
	Angewandte Forschung (applied research)	Prozent des F+E-Budgets der ausländischen F+E-Einheit
	Entwicklung (development and engineering)	Prozent des F+E-Budgets der ausländischen F+E-Einheit
	Monitoring (monitoring of technology, competitors, suppliers, users)	Prozent des F+E-Budgets der ausländischen F+E-Einheit
Marktorientierung	Lokaler Markt (local market)	5-Punkt-Likert-Skala, Ausmaß, mit dem sich die Projekte der ausländischen F+E-Einheit auf den lokalen Markt beziehen: "not at all" (1), "exclusively" (5)
	Regionaler Markt (regional market)	5-Punkt-Likert-Skala, Ausmaß, mit dem sich die Projekte der ausländischen F+E-Einheit auf den regionalen Markt beziehen: "not at all" (1), "exclusively" (5)
	Globaler Markt (global market)	5-Punkt-Likert-Skala, Ausmaß, mit dem sich die Projekte der ausländischen F+E-Einheit auf den globalen Markt beziehen: "not at all" (1), "exclusively" (5)
Interaktion	Kontaktdichte (number of organizational units the R&D facility is in contact with)	14 unternehmensinterne bzw. -externe Organisationseinheiten vorgegeben; Frage, ob ausländische F+E-Einheit in Kontakt mit einzelnen Organisationseinheiten steht; Kontaktdichte stellt die Summe der Organisationseinheiten mit Kontakt dar (0 - 14).
	Kooperation mit anderen F+E-Einheiten des Unternehmens (cooperation with other R&D units of the company)	5-Punkt-Likert-Skala, Ausmaß der Kooperation mit anderen F+E-Einheiten des Unternehmens: "not at all" (1), "to some extent" (3), "to a large extent" (5)

4.2.2 Ergebnisse der Klassenbildung

Die im vorangegangenen Kapitel erörterten Gruppierungsvariablen werden zur Identifizierung von Typen von Einheiten in eine Clusteranalyse einbezogen. Die Clusteranalyse[138] führt zur Einteilung des Samples in fünf Klassen, die folgendermaßen benannt wurden: "Angewandter Forscher", "Allround-F+E-Einheit mit regionalem Fokus", "Lokaler Problemlöser", "Kooperierender Grundlagenforscher" und "Allround-F+E-Einheit mit Weltmarktorientierung". Die Interpretation der fünf Cluster erfolgt anhand der T-Werte der Gruppierungsvariablen (für die einzelnen Cluster), die in Abb. 4-9 aufgeführt sind. Zusätzlich werden folgende Variablen zur Beschreibung der Klassen herangezogen: die regionale Verteilung, die Branchen- und Größenstruktur sowie die Ausrichtung auf Produkt-, Prozeß- und Applikations-F+E.[139]

Bevor die einzelnen Cluster in den folgenden Kapiteln dargestellt werden, soll die Güte der 5-Cluster-Lösung beurteilt werden. Hierzu dienen die F-Werte der Gruppierungsvariablen für die einzelnen Cluster (siehe Abb. 4-10). Nahezu 90% der F-Werte sind kleiner als der kritische Wert eins, zwei Drittel der F-Werte liegen sogar unter 0,5. Cluster 4 ist ein vollständig homogenes Cluster bezüglich der Gruppierungsvariablen; keine Variable weist einen F-Wert von größer als eins auf. Cluster 5 besitzt einen, Cluster 1 zwei F-Werte, die (geringfügig) über eins liegen. In den Clustern 2 und 3 befindet sich je ein F-Wert, der einen Wert größer als eins annimmt. Kein Cluster kann als inhomogen betrachtet werden.[140]

---

138   Zur Vorgehensweise beim Einsatz der Clusteranalyse soll folgendes angemerkt werden:
      a) Die metrisch skalierten Gruppierungsvariablen wurden standardisiert, um die gleiche Gewichtung der Variablen zu gewährleisten. Es wurden hierbei nur die Einheiten berücksichtigt, für die für alle Gruppierungsvariablen vollständige Daten vorliegen (n=193).
      b) Die Korrelationen zwischen den neun Gruppierungsvariablen sind vernachlässigbar bis auf drei Werte, die allerdings moderat ausfallen (die Werte liegen zwischen -0,48 und -0,69).
      c) In einer ersten Analyse kam das Verfahren Single Linkage zum Einsatz, um Ausreißer in der Stichprobe zu identifizieren und zu eliminieren (vgl. Backhaus/Erichson/Plinke/Weiber (1990, Analysemethoden), S. 155). Die Eliminierung von Ausreißern führte zu einer Reduktion der Fallzahl auf n=186.
      d) Die endgültige Analyse erfolgte unter Anwendung des Ward-Algorithmus. Eine Betrachtung des Dendrogramms (siehe Anhang 2) und der Verteilung der kumulierten Fehlerquadratsummen (unter Einbeziehung des Elbow-Kriteriums) legt eine 5-Cluster Lösung nahe (vgl. Backhaus/Erichson/Plinke/Weiber (1990, Analysemethoden), S. 147 f.). Hierbei wird die Varianz-Regel (Anteil der Varianz innerhalb der Cluster ≤ 50%) eingehalten.

139   Bei den Variablen Produkt-, Prozeß- und Applikations-F+E wurden analog den in Fußnote 137 angeführten Plausibilitätsüberlegungen einige wenige missing values ersetzt.

140   Als inhomogen sollen Cluster gelten, bei denen mindestens die Hälfte der F-Werte über eins liegt.

Abb.   *4-9*

T-Werte für 5-Cluster-Lösung

Gruppierungsvariable	Cluster 1	Cluster 2	Cluster 3	Cluster 4	Cluster 5
Grundlagenforschung	0,00	- 0,26	- 0,38	3,89	0,22
Angewandte Forschung	1,64	- 0,27	- 0,79	- 0,42	- 0,28
Entwicklung	- 1,31	0,24	1,04	- 1,82	0,53
Monitoring	- 0,16	0,41	- 0,49	- 0,46	- 0,49
Lokaler Markt	- 0,29	0,02	1,05	0,02	- 1,81
Regionaler Markt	0,06	0,59	- 0,98	0,11	- 1,19
Globaler Markt	0,10	0,10	- 1,21	0,31	1,26
Kontaktdichte	0,04	0,23	- 0,63	- 0,34	0,23
Kooperation	- 0,20	0,20	- 0,56	0,78	0,16
Gruppenbesetzung (insgesamt 186)	37	87	36	10	16

Abb.   4-10

F-Werte für 5-Cluster-Lösung

Gruppierungsvariable	Cluster 1	Cluster 2	Cluster 3	Cluster 4	Cluster 5
Grundlagenforschung	0,22	0,12	0,00	0,23	0,10
Angewandte Forschung	0,72	0,23	0,02	0,15	0,32
Entwicklung	0,25	0,29	0,03	0,00	0,36
Monitoring	0,37	1,50	0,17	0,07	0,32
Lokaler Markt	0,88	0,61	0,17	0,31	0,10
Regionaler Markt	1,08	0,48	0,42	0,00	0,13
Globaler Markt	0,85	0,67	0,10	0,10	0,13
Kontaktdichte	0,99	1,00	0,70	0,26	1,04
Kooperation	1,05	0,74	1,34	0,30	0,73
Gruppenbesetzung (insgesamt 186)	37	87	36	10	16

4.2.2.1 Der angewandte Forscher

Cluster 1 umfaßt 37 (20%) F+E-Einheiten und ist damit das zweitgrößte Cluster. Die Mittelwerte der Gruppierungsvariablen aus Abb. 4-9 sind graphisch als Merkmalsprofil in Abb. 4-11
dargestellt. Stark überdurchschnittlich ausgeprägt ist die Variable "angewandte Forschung",
während der Mittelwert für die Variable "Entwicklung" einen deutlich unterdurchschnittlichen
Wert aufweist. Die anderen Variablen weichen nicht bzw. nur unwesentlich von den Durchschnittswerten der jeweiligen Variablen in der Erhebungsgesamtheit ab. Die klare Ausrichtung

des Clusters 1 auf Aufgaben der angewandten Forschung - vor allem im Vergleich mit den anderen Clustern - führt daher zur Bezeichnung "angewandter Forscher".

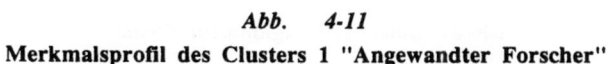

Abb. 4-11

Merkmalsprofil des Clusters 1 "Angewandter Forscher"

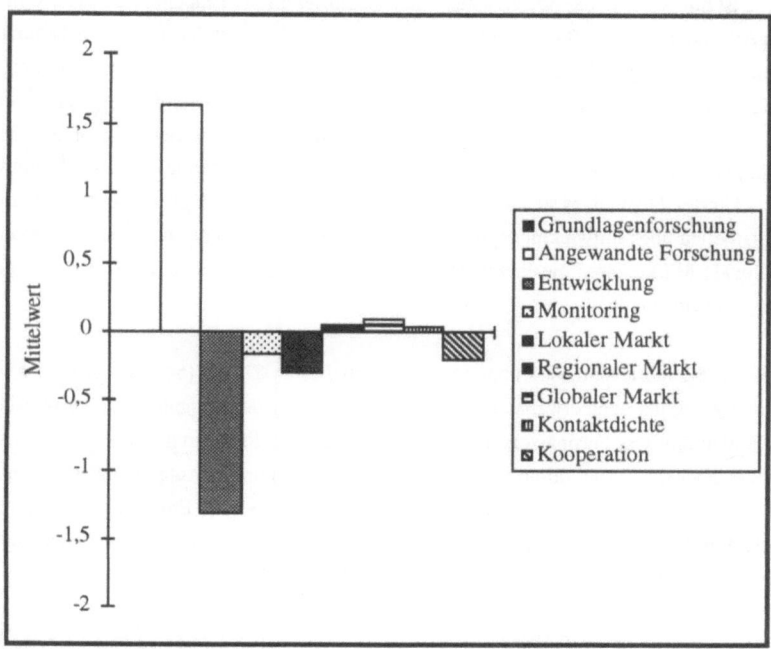

Bei der Betrachtung weiterer Variablen[141] fällt auf, daß sich eine überdurchschnittlich hohe Anzahl an Einheiten - ein Drittel - in den USA bzw. Kanada befindet, in Ländern mit ausgeprägter Forschungslandschaft. Ebenfalls zum Bild des "angewandten Forschers" paßt die Beobachtung, daß nur wenige Einheiten den weniger forschungsintensiven Branchen Maschinenbau

---

141 Damit sind die oben (Kapitel 4.2.2) genannten Variablen regionale Verteilung, Branchen- und Größenstruktur sowie Ausrichtung auf Produkt-, Prozeß- und Applikations-F+E gemeint. Dies trifft ebenfalls auf die Beschreibung der anderen vier Cluster zu.

bzw. Automobilindustrie angehören, allerdings die Elektroindustrie mit einem Anteil von einem Drittel überdurchschnittlich repräsentiert ist.

4.2.2.2   Die Allround-F+E-Einheit mit regionalem Fokus

Cluster 2 ist mit Abstand das am stärksten besetzte Cluster mit 87 Einheiten. Es weist keine extremen Ausprägungen auf, d.h. es gleicht im wesentlichen dem Durchschnitt der Erhebungsgesamtheit. Abb. 4-12 gibt das entsprechende Merkmalsprofil wieder. Auffällig ist lediglich, insbesondere im Vergleich mit den anderen Clustern, die Fokussierung auf den regionalen Markt. Ferner ist Cluster 2 das einzige Cluster mit einer leicht überdurchschnittlich ausgeprägten Monitoringtätigkeit. In allen anderen Clustern nimmt die Variable "Monitoring" negative Mittelwerte an. Beim Cluster 2 handelt es sich um Einheiten mit einem breiten Tätigkeitsspektrum (von Forschungsarbeiten über Entwicklungsprojekte zu Horchpostenaufgaben) und einer Orientierung auf regionale Märkte, was die Bezeichnung "Allround-F+E-Einheit mit regionalem Fokus" sinnvoll erscheinen läßt.

Europäische Standorte sind stark überrepräsentiert in diesem Cluster (54% der Einheiten). Vor dem Hintergrund der oben erwähnten regionalen Ausrichtung der Einheiten und der wirtschaftlichen Bedeutung des europäischen Marktes erscheint die Standortstruktur plausibel. Das Cluster zeichnet sich ferner durch einen überdurchschnittlich hohen Anteil (rund 30%) an Einheiten aus dem Maschinenbau bzw. der Automobilbranche aus. Das Entstehungsjahr der Einheiten liegt im Durchschnitt im Jahr 1970 (Median 1972); im Vergleich zu den anderen Clustern das früheste Datum.

Abb. *4-12*

Merkmalsprofil des Clusters 2 "Allround-F+E-Einheit mit regionalem Fokus"

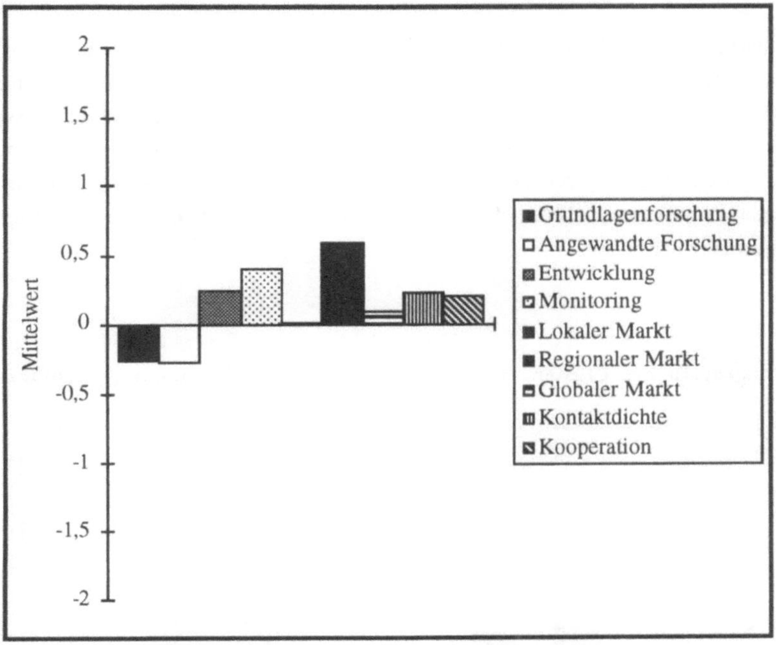

4.2.2.3 Der lokale Problemlöser (Anwendungstechniker)

Cluster 3, das mit 36 Einheiten ähnlich stark besetzt ist wie Cluster 1, verfügt über ein markantes Merkmalsprofil (Abb. 4-13). Die beiden Variablen "Entwicklung" und "lokaler Markt" sind deutlich überdurchschnittlich ausgeprägt, während "globaler Markt" und "regionaler Markt" deutlich negative Mittelwerte aufweisen. Die verbleibenden Variablen sind ebenfalls unterrepräsentiert. Die Einheiten dieses Clusters widmen sich vornehmlich Entwicklungsarbeiten; forschungsorientierte Projekte und Horchpostentätigkeiten gehören kaum zu ihren Aufgaben. Ihre Aktivitäten sind eindeutig auf den lokalen Markt ausgerichtet, der regionale und globale Markt haben keine Bedeutung. Gerade im Vergleich zu den anderen Clustern fällt auf, daß die Einheiten in Cluster 3 über recht wenig Kontakte zu anderen Organisationseinheiten innerhalb und außerhalb des Unternehmens verfügen, was sich auch in einer geringen Kooperation mit anderen F+E-Einheiten niederschlägt. Cluster 3 repräsentiert den "lokalen Problemlöser (Anwendungstechniker)", der Produkte für den lokalen Markt entwickelt bzw. anpaßt.

Bezeichnend für diesen Typ von ausländischer F+E-Einheit ist die geographische Verteilung der Einheiten: Der Schwerpunkt liegt in Entwicklungs- und Schwellenländern (20% in Lateinamerika, 45% im asiatisch-pazifischen Raum). Nur ein Viertel der Einheiten befindet sich an Standorten in Europa. Unter den Branchen ist die Pharmaindustrie mit 30% überrepräsentiert, während nur wenige Einheiten der Elektrotechnischen Industrie angehören. Cluster 3 verfügt im Durchschnitt über kleine Einheiten (der Median liegt im Intervall 1-20 Mitarbeiter). Prozeß-F+E ist von geringer Bedeutung.

Abb. 4-13

Merkmalsprofil des Clusters 3 "Lokaler Problemlöser (Anwendungstechniker)"

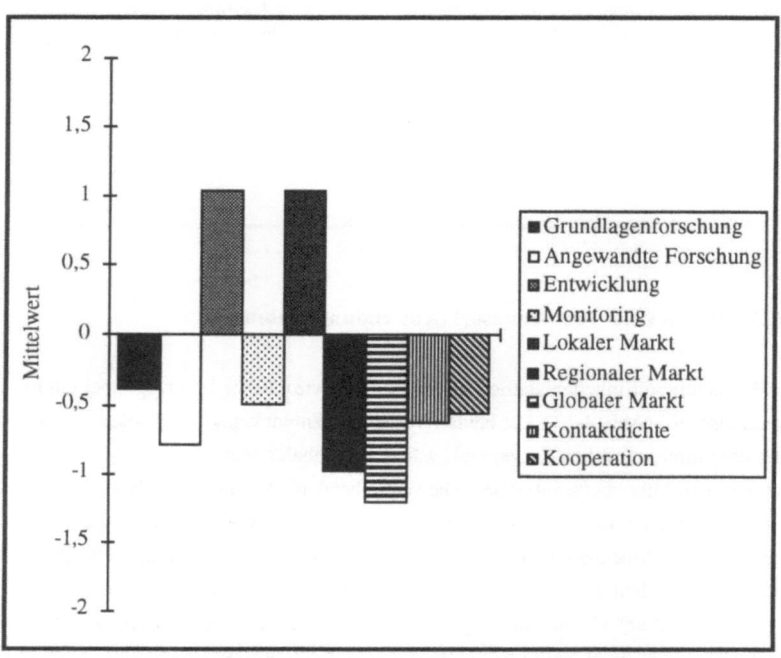

4.2.2.4 Der kooperierende Grundlagenforscher

Die sehr hohe positive Ausprägung der Variablen "Grundlagenforschung" und die hohe unter-durchschnittliche Ausprägung der Variablen "Entwicklung" charakterisieren Cluster 4 (zehn Einheiten). Die beiden anderen Tätigkeitsvariablen "Angewandte Forschung" und "Monitoring" sind unterrepräsentiert. Die Variablen der Marktorientierung weichen unwesentlich von den jeweiligen Durchschnittswerten der Erhebungsgesamtheit ab, wobei die Variable "globaler Markt" leicht positiv ausgeprägt ist. Auffällig ist ferner die deutlich positive Ausprägung der Variablen "Kooperation". Die "Kontaktdichte" nimmt einen leicht negativen Wert an. Abb. 4-14 gibt das Merkmalsprofil des Clusters 4 wieder.

In Cluster 4 sind Einheiten zusammengefaßt, die nahezu ausschließlich in der Grundlagenforschung tätig sind. Die Forschungsprojekte dieser Labore werden vielfach in Kooperation mit anderen F+E-Einheiten des Unternehmens durchgeführt. Es besteht folglich ein reger Austausch innerhalb des weltweiten F+E-Netzwerkes. Kontakte zu anderen Organisationseinheiten innerhalb und außerhalb des Unternehmens scheinen nicht in größerem Umfang zu bestehen. Dies mag darauf zurückgeführt werden, daß eine Reihe der im Fragebogen aufgeführten potentiellen Kontakte für Grundlagenforscher nicht relevant ist, wie beispielsweise Produktionsstätten.

Bei Projekten der Grundlagenforschung läßt sich aufgrund der Ferne zum Markt auch kaum von einer Marktorientierung sprechen. Die aus den Daten ersichtliche, leicht globale Ausrichtung entspricht dem Charakter der Grundlagenforschung als eine an der weltweiten Scientific Community orientierten Aktivität. Die Bezeichnung des Clusters 4 als "kooperierender Grundlagenforscher" liegt nahe.

Bei der Betrachtung weiterer Variablen sollte die geringe Besetzung des Clusters berücksichtigt werden. Als Standorte dienen in 80% der Fälle Industrieländer. Über die Hälfte der Labors (60%) ist den Bereichen Lebensmittel und Agrar zuzurechnen. Die Labors beschäftigen nur wenige F+E-Mitarbeiter (der Median liegt im Intervall von 1-20 Mitarbeitern) und sind somit als klein anzusehen. Im Vergleich zu den anderen Clustern fällt auf, daß die Labors im Durchschnitt noch keine zehn Jahre existieren. Das durchschnittliche Entstehungsjahr beträgt 1982 (Median 1983). Produkt- und Prozeß-F+E kommt kaum Bedeutung zu, was bei der starken Forschungsorientierung offensichtlich ist.

Abb.   4-14

Merkmalsprofil des Clusters 4 "Kooperierender Grundlagenforscher"

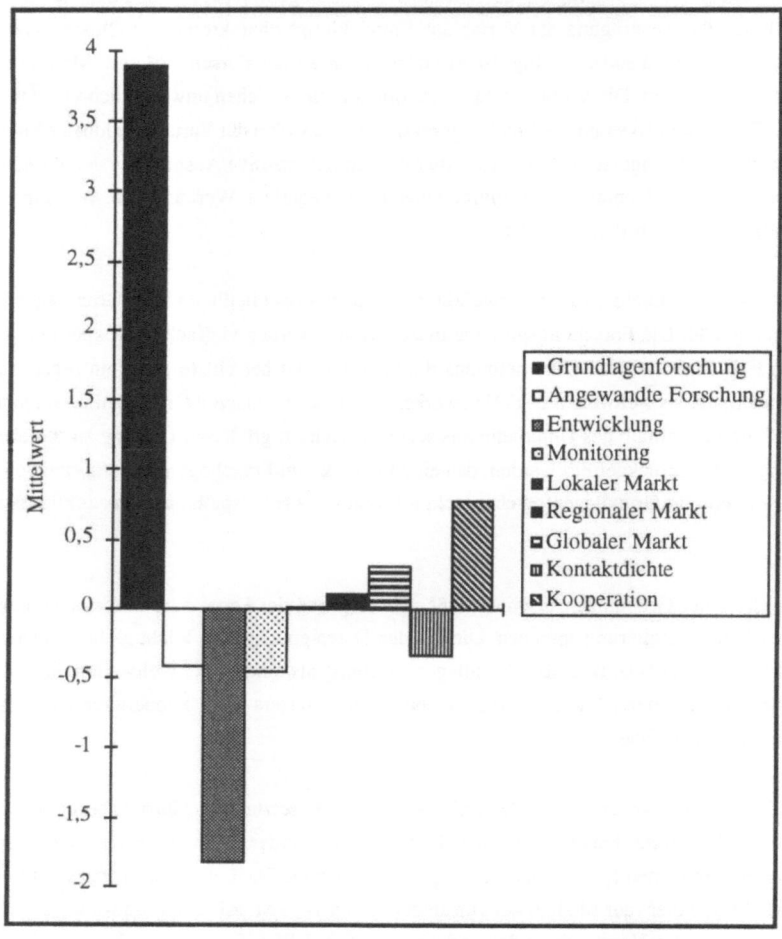

4.2.2.5 Die Allround-F+E-Einheit mit Weltmarktorientierung

Das letzte Cluster zählt wie Cluster 4 zu den gering besetzten Clustern (sechzehn Einheiten). Der deutlich überdurchschnittliche Mittelwert der Variablen "globaler Markt" und die stark negative Ausprägung der Variablen "lokaler Markt" und "regionaler Markt" kennzeichnen Cluster 5 (siehe Abb. 4-15). Die Variable "Entwicklung" ist leicht überrepräsentiert, während "Monitoring" leicht unterrepräsentiert ist. Die verbleibenden Variablen weisen keine nennenswerten Abweichungen zu den Mittelwerten der Erhebungsgesamtheit auf.

Abb. 4-15

Merkmalsprofil des Clusters 5 "Allround-F+E-Einheit mit Weltmarktorientierung"

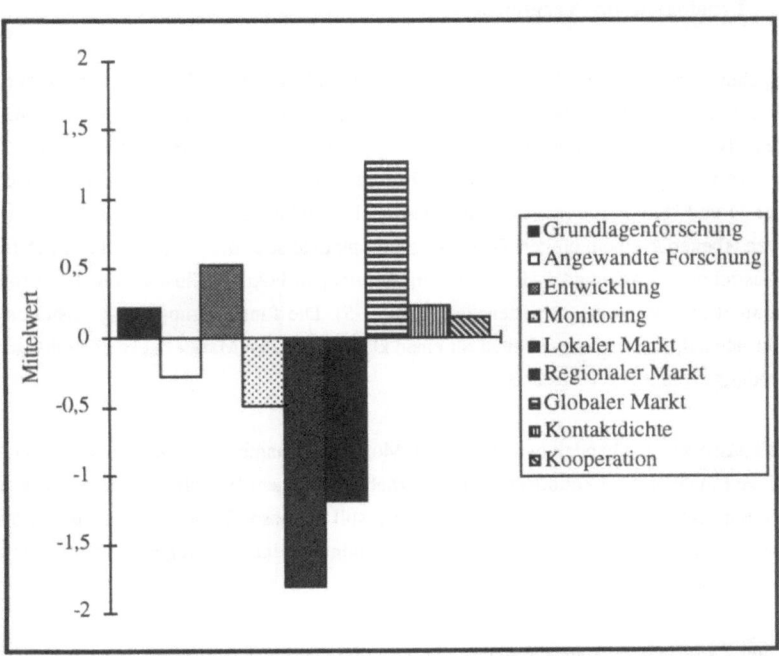

Die ausländischen F+E-Einheiten in Cluster 5 decken ein breites Tätigkeitsfeld ab, wobei Entwicklungsarbeiten im Vordergrund stehen. Die Entwicklung neuer Produkte konzentriert sich ausschließlich auf den Weltmarkt. Es werden keine Speziallösungen für lokale oder regionale Märkte erarbeitet, wodurch sie sich eindeutig von den übrigen Clustern unterscheiden. Cluster 5 wird daher als "Allround-F+E-Einheit mit Weltmarktorientierung" bezeichnet.

Dreiviertel der Einheiten befinden sich in Europa. Deutlich überdurchschnittlich ist die Elektrotechnische Industrie vertreten (56% der Einheiten). Der Mitarbeiterzahl nach zu urteilen, handelt es sich um große Einheiten (der Median liegt im Intervall 50-200 Mitarbeiter). Produkt-F+E wird eine große Bedeutung beigemessen, während Prozeß- und Applikations-F+E als wenig bedeutsam bewertet werden.

4.2.3 Typologien im Vergleich

Als Ergebnis der bisherigen Erörterungen in Kapitel 4 läßt sich festhalten, daß anhand der drei Dimensionen "Art der Tätigkeit", "Marktorientierung" und "Interaktion" unter Einsatz der Clusteranalyse fünf Typen von ausländischen F+E-Einheiten identifiziert werden konnten. Zwei Klassen von Einheiten treten in Form von Forschungslabors auf: "Angewandter Forscher" (Cluster 1) und "Kooperierender Grundlagenforscher" (Cluster 4). Zwei weitere Typen von Einheiten arbeiten in einem breiten Tätigkeitsspektrum, unterscheiden sich jedoch deutlich in der Marktausrichtung: "Allround-F+E-Einheit mit regionalem Fokus" (Cluster 2) und "Allround-F+E-Einheit mit Weltmarktorientierung" (Cluster 5). Die fünfte Gruppe von Einheiten beschränkt sich auf Entwicklungsarbeiten für einen klar umgrenzten Markt: "Lokaler Problemlöser (Anwendungstechniker)" (Cluster 3).

Bei der Klassifizierung handelt es sich um eine Momentaufnahme. Es ist durchaus denkbar, daß sich einige Einheiten zum Zeitpunkt der Datenerhebung in einem Wandlungsprozeß hin zu einer veränderten Aufgabenstellung befanden. Insofern soll an dieser Stelle nochmals der Hinweis aus Kapitel 2 wiederholt werden, daß streng genommen keine Typologie, sondern eher eine Taxonomie vorliegt.

In Kapitel 2 wurde bereits auf die in der Literatur diskutierten Taxonomien eingegangen (vgl. Abb. 2-2). Im folgenden sollen die Ergebnisse der vorliegenden Untersuchung mit der Literatur verglichen werden. Einen zusammenfassenden Überlick über die verschiedenen Taxonomien gibt Abb. 4-16.[142]

Die Ähnlichkeit der forschungsorientierten Einheiten in den verschiedenen Studien ist offensichtlich. Mit der vorliegenden Studie konnte eine weitere Differenzierung erreicht werden hinsichtlich des Ausmaßes an Grundlagenforschung im Vergleich zu angewandter Forschung und der Einbindung anderer Organisationseinheiten in die Forschungstätigkeit.[143]

Die Aufgabenstellung des "lokalen Problemlösers (Anwendungstechnikers)" umfaßt einerseits das Tätigkeitsprofil von Einheiten zur Unterstützung der Produktion (Technology Transfer Units, Support Laboratories und Production Support Units). Andererseits sind die Aktivitäten des "lokalen Problemlösers" vor allem auf die Entwicklung neuer Produkte eigens für den lokalen Markt ausgerichtet, was sich mit den Aufgaben der Indigenous Technology Units, Locally Integrated Laboratories und den Market Oriented Units deckt. Das breite Tätigkeitsfeld der "Allround-F+E-Einheit mit regionalem Fokus" läßt auf den ersten Blick eine Nähe zu den Multi-Motive Units der schwedischen Studie erkennen. Bei genauer Betrachtung fällt auf, daß sie eine Erweiterung bzw. zweite Spielart der Einheiten mit Produktentwicklungskompetenz für lokale Märkte darstellen: Die "Allround-F+E-Einheiten mit regionalem Fokus" erarbeiten marktspezifische Lösungen, die sich allerdings auf eine weiter gefaßte Marktabgrenzung beziehen (mehrere Länder einer Region sind als Zielmarkt definiert) und die nicht nur Entwicklungsanstrengungen (wie beim "lokalen Problemlöser") erfordern, sondern wofür auch Forschungsleistungen zu erbringen sind. Somit lassen sich die "Allround-F+E-Einheiten mit regionalem Fokus" auch mit Indigenous Technology Units, Locally Integrated Units und Market Units vergleichen. Die Ausführungen zeigen, daß eine eindeutige Zuordnung der Taxonomien nicht immer möglich ist und vielfältige Überschneidungen existieren. Abb. 4-16 vermag nicht alle Nuancen wiederzugeben.

Der fünfte Typ von Einheit, die "Allround-F+E-Einheit mit Weltmarktorientierung", findet sich in den bisherigen Taxonomien eigentlich nicht wieder. Die Aufgabenstellung eines "World

---

142   Abb. 4-16 beruht auf Abb. 2-2, wobei die fünf Cluster der vorliegenden Studie neu hinzugetreten sind.

143   Die Übersicht in Abb. 4-16 ist nicht dahingehend zu verstehen, daß Ronstadts "Global Technology Units" mit dem "angewandten Forscher" und "Corporate Technology Units" mit dem "kooperierenden Grundlagenforscher" gleichzusetzen sind.

Product Mandate" wurde in der Literatur diskutiert[144], in den empirischen Untersuchungen zu ausländischen F+E-Einheiten wurden derartige Einheiten bisher nicht identifiziert.

Nachdem in Kapitel 4 die Aktivitäten der ausländischen F+E-Einheiten eingehend beschrieben und fünf Klassen von Einheiten identifiziert worden sind (Antwort auf die Frage nach dem Was), sollen im folgenden Kapitel 5 die Bestimmungsgründe (d.h. die Warum-Frage) erörtert werden.

---

[144]   Vgl. Pearce (1989, Internationalisation).

Abb.   *4-16*

Übersicht über Taxonomien

Ronstadt (1977, Research)	Pearce (1989, Internationali-sation) Cordell (1971, Multinational Firm)	Håkanson/Nobel (1993, Foreign Research)	Vorliegende Untersuchung
Technology Transfer Units	Support Laboratories	Production Support Units	Lokaler
Indigenous Technology Units	Locally Integrated Laboratories	Market Oriented Units	Problemlöser (Anwendungs-techniker)
Global Technology Units	International Interdependent	Research	Angewandter Forscher
Corporate Technology Units	Laboratories	Units	Kooperierender Grundlagen-forscher
		Multi-Motive	Allround-F+E-Einheit mit regio-nalem Fokus
		Units	Allround-F+E-Einheit mit Weltmarkt-orientierung
		Politically Motivated Units	

5 Bestimmungsgründe

In diesem Kapitel wird der Frage nachgegangen, welche Bestimmungsgründe für die verschiedenen F+E-Aktivitäten im Ausland bedeutsam sind. Wie bereits in Kapitel 2.5 erläutert wurde,
geht es nicht um die Gründe, die ursprünglich zu der Entscheidung geführt haben, im Ausland
eine F+E-Einheit aufzubauen, sondern - analog zur Identifizierung der Typen von Einheiten -
um die der laufenden Tätigkeit zugrundeliegenden Bestimmungsgründe, d.h. um die zum Zeitpunkt der Befragung relevanten Bestimmungsgründe.

Nach einer Erläuterung der Auswahl und Operationalisierung potentieller Bestimmungsgründe
(Kapitel 5.1) werden mit Hilfe der Faktorenanalyse die Bestimmungsgründe zu unabhängigen
Faktoren verdichtet (Kapitel 5.2). Die hieraus resultierenden Faktorwerte werden zur Beschreibung von Unterschieden zwischen den Clustern, die im vorangegangenen Kapitel 4.2 identifiziert wurden, herangezogen (Kapitel 5.3). Sofern nicht anders vermerkt, beziehen sich die Ausführungen in Kapitel 5 auf die 186 F+E-Einheiten, die im letzten Kapitel in die Clusteranalyse
einbezogen wurden.

5.1 Auswahl und Operationalisierung potentieller Bestimmungsgründe

Die Auswahl potentieller Bestimmungsgründe erfolgte anhand der in der Literatur diskutierten
standort- und unternehmensspezifischen Gründe (siehe Kapitel 2.2). Überlegungen zum zunehmenden weltweiten Wettbewerb um den Zugang zu technologischem Wissen und zu ausländischen Märkten führten zur Aufnahme zusätzlicher Variabler. Hierzu zählen die Wettbewerbsintensität, das Potential zum Abschluß von Kooperationsvereinbarungen und das Monitoring der Konkurrenten und des technologischen Umfeldes vor Ort.[145] Mit Hilfe der Pretests
wurde die Auswahl der Bestimmungsgründe auf Vollständigkeit hin überprüft und Ergänzungen vorgenommen. Im Ergebnis umfaßt der Fragebogen 42 Variablen, die als potentielle Bestimmungsgründe dienen können.[146]

---

[145] Auf die Bedeutung von Monitoringaktivitäten der ausländischen F+E-Einheiten wurde bereits in Kapitel
4.1.5 eingegangen.

[146] Siehe Fragebogen im Anhang 1.

Bei der Operationalisierung wurde darauf geachtet, daß durch zusätzliche Beschreibungen der Variablen (wie z.B. "high" oder "desire for proximity to ...") eindeutig die Richtung der Wirkung der Variablen erkennbar ist (z.B. hohes Marktwachstum).[147] Die Befragten gaben auf einer 5-Punkt-Likert Skala die Bedeutung der jeweiligen Variable für jede Einheit getrennt an. Die genaue Formulierung der Frage im Fragebogen lautet: "For the _present_ operations of each foreign R&D facility, how important are the following factors?".[148] Im Ergebnis liegen für jede Einheit individuelle Bewertungen der 42 Bestimmungsgründe vor.[149]

Trotz des Einsatzes einer umfangreichen Liste von potentiellen Bestimmungsgründen ist nicht auszuschließen, daß die Befragten andere, nicht im Fragebogen aufgeführte Bestimmungsgründe als wichtig für die Arbeit einer bestimmten F+E-Einheit ansehen. In einer offenen Frage wurde deshalb den Befragten die Möglichkeit eingeräumt, weitere wichtige Bestimmungsgründe zu nennen. Rund 30% der 84 an der Untersuchung teilnehmenden Unternehmen machten von der Möglichkeit Gebrauch. Gut die Hälfte der Nennungen bezieht sich auf Bestimmungsgründe, die bereits in der Aufzählung der 42 Gründe im Fragebogen enthalten sind. Die anderen Nennungen sind in Abb. 5-1 zusammengestellt. Es handelt sich fast ausschließlich um eher unscharfe Variablen wie Kultur, Image[150] und politische Gründe. Lediglich die Variable "Technischer Service" weist einen klaren Bezug zur F+E-Tätigkeit auf, wobei davon auszugehen ist, daß im vorliegenden Sample nur sehr wenige F+E-Einheiten Aufgaben des technischen Service in nennenswertem Umfang betreiben.[151] Es kann festgehalten werden, daß die ergänzenden Angaben der Befragten keine weiteren wesentlichen Bestimmungsgründe aufgedeckt haben.

---

[147]   Ohne einen solchen Zusatz kämen potentiell zwei Interpretationen der Variablen in Frage, wenn z.B. ein Bedeutungsgewicht von 1 angekreuzt wird:
1. Das Marktwachstum ist niedrig und daher ist die Variable Marktwachstum nicht von Bedeutung.
2. Das Marktwachstum ist zwar hoch, aber diese Tatsache spielt keine Rolle für die betrachtete ausländische F+E-Einheit.
Diese Doppeldeutigkeit galt es zu vermeiden.

[148]   Der in dieser Fragestellung verwandte Begriff "factors" ist nicht zu verwechseln mit den weiter unten als Ergebnis einer Faktorenanalyse berechneten Faktoren und ihren Faktorwerten. Der Begriff "factors" bezeichnet die potentiellen Bestimmungsgründe und wird im folgenden Variable genannt.

[149]   Der Aufbau des Fragebogens (mit der Möglichkeit, Daten von bis zu sechs ausländischen F+E-Einheiten zu erfassen) führt dazu, daß die Befragten alle Einheiten hinsichtlich des jeweiligen Bestimmungsgrundes miteinander vergleichen.

[150]   Siehe zum "Insidertum" Krubasik/Schrader (1989, Entwicklungsstrategien), Sp. 697.

[151]   Die Erwähnung des technischen Service entspricht den für die Budgetverteilung gemachten Angaben zur technischen Unterstützung (siehe Fußnote 126).

Abb. 5-1
Zusätzlich genannte Bestimmungsgründe

Bestimmungsgrund	Häufigkeit der Nennung
Kultur (Sprache, Gewohnheiten, Unternehmensstruktur)	5
Technischer Service (Verkaufsunterstützung, Kundendienst)	4
Image (Akzeptanz vor Ort, Unternehmensimage, "becoming an insider")	4
Politischer Faktor (Europäische Union 1992, Neutralität)	3
"handling classified work"	1

5.2 Verdichtung der Bestimmungsgründe

Die im Fragebogen enthaltenen 42 Bestimmungsgründe messen teilweise ähnliche Tatbestände. Zur Verdichtung der 42 Bestimmungsgründe auf wenige unabhängige Faktoren bietet sich die Faktorenanalyse an. Unter Anwendung der Hauptkomponentenmethode mit anschließender Varimax-Rotation wurde die in Abb. 5-2 dargestellte 8-Faktor-Lösung ermittelt, die 63% der Varianz erklärt.[152] Die Güte der Lösung läßt sich anhand von Cronbach's Alpha und der

---

[152] Der Wert des Kaiser-Meyer-Olkin Kriteriums beläuft sich auf 0,81; eine Größenordnung, die von Kaiser als "meritorious" bezeichnet wird (Kaiser (1974, Index), S. 35). Die 8-Faktor-Lösung stellt eine sinnvoll interpretierbare Lösung dar, bei der die Eigenwerte der Faktoren Werte größer eins annehmen. Zum methodischen Vorgehen bei der Faktorenanalyse soll folgendes angemerkt werden:

a) Die 42 Variablen gingen als standardisierte Größen (mit einem Mittelwert von Null und einer Standardabweichung von eins) in die Faktorenanalyse ein.

b) Das Programmpaket SPSS bietet die Möglichkeit, missing values durch den Mittelwert der jeweiligen Variable zu ersetzen. Aufgrund der nur geringen Zahl an missing values (0,49% der Beobachtungen) wurde von dieser Substitutionsmöglichkeit Gebrauch gemacht. Die Verwendung der Voreinstellung "listwise deletion" hätte zu einer unverhältnismäßig starken Verringerung der Fallzahl um 13% geführt.

c) Ein Nachteil der Mittelwertsubstitution besteht darin, daß SPSS für all die Fälle, bei denen die Substitution vorgenommen wurde, zwar Faktorladungen, jedoch keine Faktorwerte berechnet, d.h. das Problem der missing values liegt auf der Ebene der Faktorwerte wieder vor. Die Verwendung der Faktorwerte für weitere Analysen wäre hierdurch eingeschränkt. Bei einer Mittelwertsubstitution, die von Hand durch Umcodieren der fehlenden Variablenwerte vorgenommen wird, würde SPSS für alle betrachteten Fälle Fak-

Kommunalität beurteilen. Die Werte für Cronbach's Alpha fallen hoch aus, was für die vorliegende Lösung spricht. Lediglich zwei Werte liegen zwischen 0,6 und 0,7. 87% der 42 Variablen besitzen eine Kommunalität größer als 0,5. Damit werden die Variablen mit ihrer Varianz recht gut durch die Faktoren erklärt.

Die inhaltliche Interpretation der acht Faktoren erfolgt anhand der Faktorladungen in Abb. 5-2. Variablen mit Faktorladungen zwischen 0,4 und 0,5 (sie sind nicht in Abb. 5-2 aufgeführt) werden nur ergänzend zur Interpretation herangezogen.[153]

---

torwerte ermitteln. Aufgrund der Standardisierung der Variablen ließen sich die wenigen fehlenden Variablenwerte recht einfach mit dem Wert Null von Hand nachcodieren. Dieses Vorgehen wurde hier gewählt. Die Schätzung der Faktorwerte erfolgte mit der Regressionsmethode.

d) In Abb. 5-2 sind die Eigenwerte nach der Rotation aufgeführt. Sie wurden von Hand errechnet, da das Programmpaket SPSS unter "final statistics" nur die Eigenwerte vor der Rotation angibt und nach der Rotation keine neuen Eigenwerte auswirft. In zahlreichen Veröffentlichungen, in denen SPSS zur Anwendung kam, findet man daher rotierte Faktorladungen mit Eigenwerten vor der Rotation zusammen abgebildet.

e) Zur Berechnung von Cronbach's Alpha wurden die Variablen jeweils bei dem Faktor einbezogen, bei dem sie die höchste Faktorladung aufwiesen, d.h. jede der 42 Variablen wurde genau einmal berücksichtigt.

[153]   Faktorladungen größer als 0,5 werden im folgenden als hohe Ladungen und solche zwischen 0,4 und 0,5 als mittlere Ladungen bezeichnet.

5. Bestimmungsgründe

Abb. 5-2

Rotierte Faktorladungen > 0,50

Decision Parameters	1	2	3	4	5	6	7	8	K.
Differences of foreign to home market	.76								.68
Proximity to customers	.72								.67
Country specific performance requirements	.69								.65
Proximity to lead users	.66								.67
Presence of major competitors in foreign market	.59								.69
Monitoring competitors	.56								.72
Proximity to sources of technology (institutions)		.75							.77
Potential for industry-university links		.67							.68
Potential for cooperation with firms		.61							.70
Getting multiple national perspectives on R&D		.60							.60
Technological dynamism		.57							.68
High sales volume of subsidiary			.82						.71
Market share in foreign country			.80						.72
High contribution of subsidiary to over-all sales / profits			.68						.62
Large market size in foreign country			.67						.69
High future market growth rate in foreign country			.63						.65
General management capabilities of subsidiary				.82					.73
Subsidiary managers' initiative				.73					.61
Technological sophistication of subsidiary				.69					.67
Capability of company to manage its global network				.58					.59
Strength of company in developing & transfer. technology				.52					.54
Qualifications and skills of researchers					.85				.83
Availability of researchers					.83				.79
Foreign government requirements						.73			.61
More favorable public opinion in foreign country						.62			.56
Availability of financial resources						.52			.48
Proximity to suppliers							.66		.60
Responding strategically to a company in foreign country that had established a facility in your home country							.65		.47
Home country firms in foreign country							.54		.63
Low cost labour								.85	.79
Low cost equipment								.80	.72
Eigenwerte (nach der Rotation)	4.2	4.1	3.9	3.8	2.8	2.6	2.5	2.3	-
Cronbach's Alpha	.87	.87	.82	.83	.90	.64	.73	.66	-

(K.= Kommunalität)

Faktor 1: Marktbesonderheiten
Faktor 2: Attraktivität des institutionellen wissenschaftlich-technologischen Umfelds
Faktor 3: Marktattraktivität
Faktor 4: Managementattraktivität der Auslandstochter
Faktor 5: Personalverfügbarkeit
Faktor 6: Rechtliche und finanzielle Freiräume
Faktor 7: Orientierung auf relevante Marktteilnehmer
Faktor 8: Relative Faktorkosten der F+E

5.2.1 Faktor 1: Marktbesonderheiten

Faktor 1 ist durch hohe positive Ladungen der Variablen "Marktunterschiede (differences of foreign to home market)", "Kundennähe (proximity to customers)", "Leistungsanforderungen (country specific performance requirements)", "Nähe zu innovativen Kunden (proximity to lead users)", "Präsenz von Wettbewerbern (presence of major competitors in foreign market)" und "Konkurrenzanalyse (monitoring competitors)" gekennzeichnet. Ergänzend weisen die Variablen "Wettbewerbsintensität (high level of competition)" und "Technologiemonitoring (ability to monitor technology)" mittlere positive Ladungen (d.h. Werte zwischen 0,4 und 0,5) auf.

Faktor 1 wird durch eine Situation charakterisiert, in der die Leistungsanforderungen des ausländischen Marktes an Produkte bzw. Prozesse deutlich von denen des Heimatmarktes abweichen, so daß die Nähe zu den (innovativen) Kunden gesucht wird, um adäquate Problemlösungen zu entwickeln. Bedeutende Wettbewerber sind bereits vor Ort anzutreffen. Es gilt, sie und das technologische Umfeld systematisch zu beobachten. In Faktor 1 drückt sich die Notwendigkeit zur Anpassung von Produkten und Prozessen an die örtlichen Gegebenheiten aus. Folglich wird Faktor 1 mit "Marktbesonderheiten" bezeichnet.

5.2.2 Faktor 2: Attraktivität des institutionellen wissenschaftlich-technologischen Umfeldes

Hohe positive Ladungen ausschließlich auf den Faktor 2 weisen die Variablen "Nähe zu wissenschaftlich-technischen Einrichtungen (proximity to sources of technology)", "Hochschulkooperation (potential for industry-university collaboration)", "zwischenbetriebliche Kooperation (potential for cooperative agreements with firms)", "nationale F+E-Sichtweisen (getting multiple national perspectives on R&D)" und "technologische Dynamik (technological dynamism)" auf. Die Variablen "gewerblicher Rechtsschutz (protection granted by foreign patent law)", "Technologiemonitoring (ability to monitor technology)", "Technologietransfer (potential to transfer technology out of the foreign country)", "technologische Stärke des Unternehmens (strength of company in developing and transferring technology)" und "Unternehmen des Heimatlandes (large number of other home country companies in the foreign country)" besitzen mittlere positive Ladungen, die Variable "Produktionsstandorte (location of your firm's existing manufacturing operations in the foreign country)" eine mittlere negative Ladung.

Es ist deutlich zu erkennen, daß die hoch ladenden Variablen die wissenschaftlich-technologische Infrastruktur des ausländischen Standortes beschreiben. Das Augenmerk liegt hierbei eher
auf Institutionen (im Gegensatz zu den personalen Aspekten des Faktors 5). Die Bezeichnung
"Attraktivität des institutionellen wissenschaftlich-technologischen Umfelds" für Faktor 2 liegt
nahe.

5.2.3 Faktor 3: Marktattraktivität

Kennzeichnend für Faktor 3 sind die hohen positiven Ladungen folgender Variablen: "Auslandsumsatz (high sales volume of subsidiary)", "Marktanteil (market share in the foreign
country's market)", "Umsatz-/Gewinnanteil der Auslandstochter (high contribution of subsidiary to overall sales/profitability)", "Marktgröße (current large market size of the industry in
the foreign country)" und "Marktwachstum (high future market growth rate in your industry in
the foreign country)". Die mittleren positiven Ladungen der Variablen "Produktionsstandorte
(location of firms' existing manufacturing in foreign country)" und "Wettbewerbsintensität
(high level of competition)" fließen ergänzend in die Interpretation ein.

Faktor 3 erfaßt einerseits die derzeitige Marktstellung der Auslandstochter und deren Bedeutung
für das Gesamtunternehmen (Auslandsumsatz, Marktanteil, Umsatz-/Gewinnanteil, Produktionsstandorte). Andererseits enthält Faktor 3 Strukturmerkmale des ausländischen Marktes
(wie Größe, Wachstumspotential und Wettbewerbsintensität), die mit der Marktstellung der
Auslandstochter verwoben sind. Im folgenden soll Faktor 3 als "Marktattraktivität" bezeichnet
werden.

Marktaspekte treten auf den ersten Blick in zwei Faktoren auf: Faktor 1 (Marktbesonderheiten)
und Faktor 3 (Marktattraktivität). Bei eingehender Betrachtung läßt sich erkennen, daß Faktor 1
auf die Unterschiede von Heimat- und Auslandsmarkt sowie die besonderen Anforderungen des
Auslandsmarktes und damit die Notwendigkeit zur Anpassung abstellt. Bei Faktor 3 geht es um
die Größe und die Bedeutung des Auslandsmarktes bzw. -engagements.

5.2.4 Faktor 4: Managementattraktivität der Auslandstochter

Faktor 4 wird durch hohe Ladungen der Variablen "Managementfähigkeiten der Auslandstochter (general management capabilities of subsidiary)", "Initiative der Auslandstochter (subsidiary managers' initiative)", "technologische Stärke der Auslandstochter (technological sophistication of subsidiary)", "Management des globalen Netzwerkes (capability of company to manage its global network)" und "technologische Stärke des Unternehmens (strength of company in developing and transferring technology)" gekennzeichnet. Mittlere positive Ladungen weisen die Variablen "nationale F+E-Sichtweisen (getting multiple national perspectives on R&D)" und "Economies of Scale bei ausländischer F+E-Einheit (economies of scale at foreign R&D facility)" auf.

Die zu interpretierenden Variablen sprechen zum einen die Fähigkeiten der Auslandstochter an: Sie verfügt über ein gutes Management, das Initiative zeigt. Ferner zeichnet sich die Auslandstochter durch technologische Stärken aus und kann noch Skaleneffekte im F+E-Bereich realisieren. Zum anderen beziehen sich die Variablen auf die Fähigkeiten des Gesamtunternehmens, ein weltweit verzweigtes Netz von Aktivitäten zu führen und zu koordinieren, wozu auch die Sicherung der technologischen Wettbewerbsfähigkeit gehört. Die genannten Fähigkeiten beinhalten auch Aspekte des Lernens[154], was sich u.a. in der Berücksichtigung unterschiedlicher nationaler F+E-Sichtweisen zeigt. Faktor 4 erhält die Bezeichnung "Managementattraktivität der Auslandstochter".

5.2.5 Faktor 5: Personalverfügbarkeit

Charakteristisch für Faktor 5 sind die hohen positiven Ladungen der beiden Variablen "Qualifikation der Forscher (qualifications and skills of researchers)" und "Verfügbarkeit von Forschern (availability of researchers)". Zusätzlich weisen die Variablen "technologische Dynamik (technological dynamism)" und "Technologietransfer (potential to transfer technology out of the foreign country)" mittlere positive Ladungen auf.

---

[154] Bartlett/Ghoshal sprechen in diesem Zusammenhang von "transnational learning", vgl. Bartlett/Ghoshal (1989, Transnational). Zum Gedanken des "technical learning" siehe De Meyer (1992, R&D Operations) und De Meyer (1993, Learning).

Es zeigt sich deutlich, daß Faktor 5 das wissenschaftlich-technologische Umfeld des ausländischen Standortes in bezug auf Qualität und Verfügbarkeit des Humankapitals beschreibt. Dieser personale Aspekt ist auch in den Variablen "technologische Dynamik" und "Technologietransfer" enthalten. So wird der Technologietransfer oftmals in Form von Personaltransfer realisiert. Faktor 5 erfährt die Benennung "Personalverfügbarkeit".

5.2.6 Faktor 6: Rechtliche und finanzielle Freiräume

Hohe positive Ladungen ausschließlich auf Faktor 6 weisen die Variablen "staatliche Auflagen (foreign government requirements)", "öffentliche Meinung (more favorable public opinion on a relevant technology as compared to home country)" und "finanzielle Ressourcen (availability of financial resources to expand abroad)" auf. Ergänzend verzeichnen die Variablen "Diseconomies of Scale (low benefits from further scaling up home country facility)" und "Kapitalverkehrsbeschränkungen (capital transfer restrictions)" mittlere positive Ladungen.

Die zur Interpretation herangezogenen Variablen spiegeln die rechtlichen Rahmenbedingungen am ausländischen Standort wider.[155] Die öffentliche Meinung zu bestimmten Technologien spielt hierbei insofern eine Rolle, als sie den Gesetzgebungsprozeß beeinflussen kann. Faktor 6 soll als "Rechtliche und finanzielle Freiräume" bezeichnet werden.

5.2.7 Faktor 7: Orientierung auf relevante Marktteilnehmer

Charakteristisch für Faktor 7 sind die hohen positiven Ladungen der Variablen "Nähe zu Zulieferern (proximity to suppliers)", "Reaktion auf Wettbewerberverhalten (responding strategically to a company of the foreign country that had established a facility in your home country)" und "Unternehmen des Heimatlandes (large number of other companies of your home country operating in the foreign country)". Folgende Variablen mit mittleren positiven Ladungen werden ergänzend betrachtet: "zwischenbetriebliche Kooperation (potential for cooperative agreements

---

[155]   Zu den rechtlichen Rahmenbedingungen zählt auch die Variable "gewerblicher Rechtsschutz (protection by foreign patent law)", die mit einem Wert von 0,38 auf Faktor 6 lädt.

between firms)" und "finanzielle Ressourcen (availability of financial resources to expand abroad)".[156]

Die genannten Variablen drücken eine gewisse globale Orientierung der Unternehmen aus, die möglicherweise auf zunehmenden weltweiten Wettbewerb zurückgeführt werden kann. Die Unternehmen suchen die Nähe zu den Zulieferern und erwägen, Kooperationen mit anderen Unternehmen einzugehen. Sie berücksichtigen in ihren Entscheidungen das Verhalten der Wettbewerber auf ihrem Heimatmarkt und die internationalen Aktivitäten anderer Unternehmen des Heimatlandes. Ferner verfügen sie über finanzielle Ressourcen, um international zu expandieren. Faktor 7 wird als "Orientierung auf relevante Marktteilnehmer" bezeichnet.

5.2.8 Faktor 8: Relative Faktorkosten der F+E

Der letzte Faktor wird durch hohe positive Ladungen der beiden Variablen "Personalkosten (low cost of research labor in the foreign country as compared to your home country)" und "Materialkosten (low cost of lab equipment and material in the foreign country as compared to your home country)" gekennzeichnet. Ergänzend wird die mittlere positive Ladung der Variablen "finanzielle Anreize (monetary or tax incentives from the foreign government)" in die Interpretation des Faktors 8 einbezogen. Die drei genannten Variablen weisen deutlich auf den Kostenaspekt hin, was demzufolge zur Benennung von Faktor 8 als "Relative Faktorkosten der F+E" führt.

Zusammenfassend läßt sich festhalten, daß mit Hilfe der Faktorenanalyse die ursprünglich 42 Bestimmungsgründe (Variablen) auf acht unabhängige Faktoren verdichtet werden konnten.[157] Sechs der Faktoren bringen standortspezifische Gründe zum Ausdruck. Hierzu zählen "Marktbesonderheiten" (Faktor 1), "Attraktivität des institutionellen wissenschaftlich-technologischen Umfelds" (Faktor 2), "Marktattraktivität" (Faktor 3), "Personalverfügbarkeit" (Faktor 5),

---

[156] Die beiden einzigen Bestimmungsgründe (Variablen), die auf keinen der acht Faktoren mit einem Wert größer als 0,4 laden, sind "interest of researchers of parent company to work abroad" und "unwillingness of researchers in the foreign country to move abroad". Die beiden Variablen weisen ihre höchste Ladung bei Faktor 7 auf mit Werten von 0,35 und 0,31. Auf der oben erwähnten 5-Punkt-Likert Skala des Fragebogens erzielen die beiden Variablen recht niedrige Mittelwerte von 1,55 und 2,01. Die beiden Variablen können daher als unbedeutend eingestuft werden.

[157] Zehn Variablen weisen neben einer hohen positiven Ladung jeweils noch eine bzw. zwei weitere mittlere Ladungen auf andere Faktoren auf, was die Unabhängigkeit der Faktoren nur unwesentlich beeinträchtigen dürfte.

"Rechtliche und finanzielle Freiräume" (Faktor 6) und "Relative Faktorkosten der F+E" (Faktor 8). Die verbleibenden zwei Faktoren, "Managementattraktivität der Auslandstochter" (Faktor 4) und "Orientierung auf relevante Marktteilnehmer" (Faktor 7) umfassen unternehmensspezifische Gründe.

5.2.9 Gibt es Unterschiede zwischen amerikanischen, britischen und deutschen Unternehmen?

Die oben dargestellte Faktorenanalyse beruht auf Daten von 186 F+E-Einheiten, die zu amerikanischen, britischen und deutschen Unternehmen gehören. Es wurde hierbei davon ausgegangen, daß sich für die amerikanische, die britische und die deutsche Teilstichprobe ähnliche Faktoren extrahieren lassen. Um sicherzustellen, daß es angemessen ist, bei der Faktorenanalyse nicht zwischen den Unternehmen mit Headquarters in einem der drei Länder zu unterscheiden, müßte man das Faktorladungsmuster, das aus einer Analyse der Stichprobe von 186 F+E-Einheiten resultiert, mit den Mustern vergleichen, die sich ergeben, wenn die Faktoren für die einzelnen Länder getrennt ermittelt werden. Eine getrennte Ermittlung der Faktoren für Großbritannien ist aufgrund der geringen Fallzahl nicht sinnvoll (von den 186 Einheiten entfallen lediglich 25 auf britische Einheiten, in der Gesamtstichprobe sind es 36 Einheiten).[158] Auch die Zahl der Einheiten von deutschen Unternehmen - 48 Fälle in der Stichprobe von 186 Einheiten und 59 in der Gesamtstichprobe[159] - lassen Bedenken aufkommen. Für eine getrennte Ermittlung der Faktoren für die USA liegt eine angemessene Fallzahl vor.

Eine Möglichkeit, das Problem zu geringer Fallzahlen etwas zu entschärfen, besteht darin, nicht nur die 186 aus der Clusteranalyse stammenden Einheiten in die Faktorenanalyse einzubeziehen, sondern die Gesamtstichprobe von 227 Fällen. In einem ersten Schritt wird das Faktorladungsmuster aus einer Analyse mit 186 Einheiten mit dem aus einer Analyse mit allen 227 Einheiten verglichen. In einem zweiten Schritt erfolgt der Vergleich des Faktorladungsmusters der Gesamtstichprobe mit den der amerikanischen und deutschen Teilstichproben. Die Vergleiche wurden anhand eines von Harman vorgeschlagenen Übereinstimmungstests durchgeführt, der

---

[158]   Der Einsatz der Faktorenanalyse setzt voraus, daß die Fallzahl mindestens der Variablenzahl entspricht. Es wird empfohlen, daß die Fallzahl mindestens die dreifache Variablenzahl umfassen sollte (vgl. Backhaus/ Erichson/Plinke/Weiber (1990, Analysemethoden), S. 108). Für die vorliegenden 42 Variablen bedeutet dies, daß mindestens 126 Fälle in der Faktorenanalyse berücksichtigt werden sollten.

[159]   Für 227 Einheiten liegen verwertbare Daten für die 42 Bestimmungsgründe vor.

die Berechnung von Korrelationen zwischen Faktorladungen der Gesamtstichprobe und denen der Teilstichproben beinhaltet.[160]

Abb.   5-3

Übereinstimmung der Faktorladungen der Gesamtstichprobe (n=227) mit den Faktorladungen von Teilstichproben (Test nach Harman)

Faktorbezeichnung	Korrelation der Faktorladungen der Gesamtstichprobe (n=227) mit denen der		
	Teilstichprobe der 5 Cluster (n=186)	US Teilstichprobe (n=132)	deutschen Teilstichprobe (n=59)
(1) Marktbesonderheiten	0,98	0,95	0,78
(2) Attraktivität des wissenschaftlich-technologischen Umfelds	0,84	0,78	0,74
(3) Marktattraktivität	0,98	0,92	0,59
(4) Managementattraktivität der Auslandstochter	0,92	0,96	0,46
(5) Personalverfügbarkeit	0,92	0,93	0,54
(6) Rechtliche und finanzielle Freiräume	0,93	0,83	0,51
(7) Orientierung auf relevante Marktteilnehmer	0,94	0,95	0,55
(8) Relative Faktorkosten der F+E	0,99	0,89	0,78

Alle Übereinstimmungsmaße sind signifikant mit $p < 0,01$

---

[160]   Vgl. Harman (1976, Factor Analysis).

Wie aus Abb. 5-3 ersichtlich, ergeben sich hohe, signifikante Übereinstimmungen zwischen dem Muster der Gesamtanalyse und den Mustern der Teilstichprobe mit 186 Fällen sowie der amerikanischen Teilstichprobe. Der Vergleich des Faktorladungsmusters der Gesamtstichprobe mit dem der deutschen Teilstichprobe resultiert in drei Korrelationskoeffizienten mit hohen, signifikanten Werten sowie fünf Koeffizienten mit lediglich moderaten, signifikanten Werten - ein begrenzt zufriedenstellendes Ergebnis, was womöglich auf die unterschiedliche Branchenstruktur der deutschen und amerikanischen Teilstichproben zurückgeführt werden kann. Das deutsche Sample weist einen höheren Anteil an Einheiten der Pharmaindustrie und des Maschinenbaus sowie einen geringeren Anteil an Einheiten der Chemieindustrie auf als das amerikanische Sample. Die überwiegend hohe Übereinstimmung der Faktorladungen der Gesamtstichprobe mit denen der Teilstichproben spricht dafür, im folgenden die aus der Teilstichprobe für 186 Einheiten ermittelten Faktorladungen zu verwenden.

5.2.10   Bedeutungsgewicht der Faktoren

Nach erfolgreicher Verdichtung der 42 Bestimmungsgründe auf acht Faktoren stellt sich die Frage nach der Bedeutung der acht Faktoren für die laufende Tätigkeit in den ausländischen F+E-Einheiten. Hierüber gibt die Faktorenanalyse keinen Aufschluß. Ein Vergleich der acht Faktoren in bezug auf ihre Bedeutung läßt sich näherungsweise durch folgendes Vorgehen ermöglichen: Pro Faktor werden alle Variablen mit einer Faktorladung größer als 0,5 herangezogen. Der Mittelwert der Variablen wurde mit ihrer Faktorladung gewichtet, pro Faktor aufsummiert und durch die Anzahl an Variablen pro Faktor dividiert.[161] Die auf diese Weise berechneten Bedeutungsgewichte gibt Abb. 5-4 wieder.[162]

Es ist deutlich zu erkennen, daß der Personalverfügbarkeit eine herausragende Bedeutung beigemessen wird. Die Marktattraktivität und die Marktbesonderheiten werden ebenso wie die Managementattraktivität der Auslandstochter als recht bedeutsam eingeschätzt. Die hohe Bedeutung des Faktors Managementattraktivität ist - auch im Vergleich mit anderen Studien - bemerkenswert. Ebenfalls zur Gruppe der Faktoren mit einem hohen Bedeutungsgewicht kann man die Attraktivität des wissenschaftlich-technologischen Umfelds zählen. Die verbleibenden drei

---

[161]   Der Mittelwert einer Variablen gibt die Bedeutung wieder, die die Befragten dieser Variablen (d.h. Bestimmungsgrund) im Durchschnitt beigemessen haben.

[162]   Es sollte darauf hingewiesen werden, daß die Werte in der Abbildung nicht auf die 5-Punkt-Likert Skala im Fragebogen (1=not at all important, 5=very important) übertragen werden können.

Faktoren (rechtliche und finanzielle Freiräume, relative Faktorkosten der F+E und Orientierung auf relevante Marktteilnehmer) weisen deutlich niedrigere Bedeutungsgewichte auf. Sie scheinen aus der Sicht der Befragten kaum eine Rolle zu spielen. Insbesondere beim Kostenfaktor werden die Befunde anderer Studien bestätigt.[163]

Bei der Erörterung von Faktorwertunterschieden in den folgenden Kapiteln sollte das unterschiedliche Bedeutungsgewicht der einzelnen Faktoren beachtet werden.

Abb. 5-4

Bedeutungsgewicht der Faktoren

Faktorbezeichnung	Bedeutungsgewicht
(5) Personalverfügbarkeit	3,02
(3) Marktattraktivität	2,37
(4) Managementattraktivität der Auslandstochter	2,21
(1) Marktbesonderheiten	2,07
(2) Attraktivität des wissenschaftlich-technologischen Umfelds	1,77
(6) Rechtliche und finanzielle Freiräume	1,39
(8) Relative Faktorkosten der F+E	1,37
(7) Orientierung auf relevante Marktteilnehmer	1,14

---

[163]   Siehe Kapitel 2.2.4.

5.3 Faktoren und Typen von F+E-Einheiten

Wie bereits in Kapitel 2 ausgeführt wurde, ist davon auszugehen, daß die Bestimmungsgründe je nach Typ von ausländischer F+E-Einheit unterschiedlich ausgeprägt sind. So ist beispielsweise zu vermuten, daß die Marktbesonderheiten für F+E-Einheiten des Typs "lokaler Problemlöser" stärker ins Gewicht fallen als bei Einheiten des Typs "Allround-F+E-Einheit mit World Product Mandate". Mit Hilfe der Varianzanalyse (one-way ANOVA) wurde der Einfluß der Clusterzugehörigkeit auf die acht Faktorwerte ermittelt und etwaige signifikante Mittelwertunterschiede zwischen den Clustern anhand des Scheffé-Tests berechnet. Die Ergebnisse sind in Abb. 5-5 zusammengefaßt.

Die F-Statistik zeigt, daß die Clusterzugehörigkeit auf alle acht Faktoren einen signifikanten Einfluß ausübt ($p < 0,05$, teilweise $p < 0,001$). Die Ergebnisse unterstreichen, daß die in zahlreichen Untersuchungen unterstellte Einheitlichkeit der Bestimmungsgründe nicht gegeben ist (siehe Kapitel 2.4). Unter Berücksichtigung des Scheffé-Tests sind folgende Clusterunterschiede besonders auffällig:

-   Der Faktor "Marktbesonderheiten" ist in Cluster 3 (lokaler Problemlöser) überdurchschnittlich, hingegen in Cluster 5 (Allround-F+E-Einheit mit Weltmarktorientierung) stark unterdurchschnittlich ausgeprägt. Es ist klar zu erkennen, daß sich der lokale Problemlöser an den örtlichen Erfordernissen ausrichtet, während die Allround-F+E-Einheit mit Weltmarktorientierung nicht die Besonderheiten eines bestimmten Standortes im Auge hat, sondern sich am Weltmarkt orientiert. Der überdurchschnittlich ausgeprägte Wert für die Gruppe der kooperierenden Grundlagenforscher (Cluster 4) ist verwunderlich. Der hohe Anteil an Einheiten aus den Bereichen Lebensmittel und Agrar (siehe Kapitel 4.2.2.4) mag den hohen Wert des Faktors "Marktbesonderheiten" erklären: Unterschiedliche Bodenbeschaffenheit und Eßgewohnheiten erfordern eine lokale Anpassung.[164]

-   Der Faktor "Attraktivität des institutionellen wissenschaftlich-technologischen Umfelds" weist - erwartungsgemäß - eine unterdurchschnittliche Ausprägung für Cluster 3 (lokaler Problemlöser) und eine überdurchschnittliche Ausprägung für Cluster 4 (kooperierender Grundlagenforscher) auf. Es ist offensichtlich, daß die Nähe zu wissenschaftlichen Einrichtungen, wie Universitäten und anderen Forschungsstätten, für das Betreiben eines Forschungslabors von Bedeutung ist, wohingegen derartige Ein-

---

[164]   Ähnlich läßt sich auch für den hohen Wert des Faktors "Marktbedingungen" argumentieren.

richtungen kaum eine Rolle spielen, wenn es um die Entwicklung bzw. Anpassung von Produkten und Prozessen speziell für den lokalen Markt geht.

- Schließlich unterscheiden sich der lokale Problemlöser und die Allround-F+E-Einheit mit Weltmarktorientierung deutlich hinsichtlich des Faktors "Personalverfügbarkeit". Die unterdurchschnittliche Ausprägung dieses Faktors beim Typ lokaler Problemlöser läßt erkennen, daß hier nicht so sehr der "brilliante Forscher" gefragt ist als vielmehr ein "solider Anwendungstechniker". Für die Allround-F+E-Einheit mit Weltmarktorientierung hingegen spielt das Potential der Forscher vor Ort eine große Rolle (ein deutlich überdurchschnittlich ausgeprägter Faktorwert), da es gilt, ein technologisch hochwertiges Produkt für den Weltmarkt zu entwickeln. Die Ausführungen treffen in ähnlicher Form auch auf einen Vergleich des lokalen Problemlösers mit der anderen Allround-F+E-Einheit, der Allround-F+E-Einheit mit regionalem Fokus, zu.

Abb. 5-5

Mittelwertunterschiede der Faktorwerte über die Cluster

Faktoren	Clusterzugehörigkeit[165]					Scheffé's Test	F
	1 n=37	2 n=87	3 n=36	4 n=10	5 n=16		
Marktbesonder-heiten	-0,49	0,18	0,28	0,89	-1,04	(1,2) (1,3) (1,4) (5,2) (5,3) (5,4)	12,4***
Wissenschaftliche Institutionen	0,23	0,08	-0,64	0,88	-0,10	(3,1) (3,2) (3,4)	7,1***
Marktattraktivität	-0,10	0,16	0,02	-0,13	-0,63		2,4*
Management-attraktivität	0,27	0,00	-0,41	0,70	-0,14	(3,4)	3,7**
Personalverfüg-barkeit	-0,20	0,16	-0,64	0,37	0,80	(1,5) (3,2) (3,5)	8,8***
Rechtliche und finanz. Freiräume	0,07	-0,19	0,08	0,90	0,09	(2,4)	3,1*
Orientierung auf relevante Markt-teilnehmer	0,14	0,11	-0,29	-0,73	0,19		2,7*
Faktorkosten	-0,21	-0,08	0,02	0,50	0,54		2,5*

* F-Werte in ANOVA bei $p<0,05$;   ** bei $p<0,01$;   *** bei $p<0.001$

Anmerkung: Scheffé's Test ist ein paarweiser Vergleich von Gruppenmittelwerten. Die in Klammern aufgeführten Paare sind jene Gruppen, deren Mittelwerte sich signifikant voneinander unterscheiden ($p<0,05$).

---

[165] Cluster 1:   Angewandter Forscher
Cluster 2:   Allround-F+E-Einheit mit regionalem Fokus
Cluster 3:   Lokaler Problemlöser
Cluster 4:   Kooperierender Grundlagenforscher
Cluster 5:   Allround-F+E-Einheit mit Weltmarktorientierung

5.4 Zusammenfassung

Die in Kapitel 5 durchgeführten Analysen zu den Bestimmungsgründen ausländischer F+E-Einheiten führten zusammenfassend zu folgenden Ergebnissen:

1. Die im Fragebogen enthaltenen 42 potentiellen Bestimmungsgründe konnten unter Einsatz der Faktorenanalyse auf acht unabhängige Faktoren verdichtet werden. Die Faktoren bilden sowohl standortspezifische als auch unternehmensspezifische Sachverhalte ab. Zu den ersteren zählen die Marktbesonderheiten, die Marktattraktivität, die Attraktivität des institutionellen wissenschaftlich-technologischen Umfelds, die Personalverfügbarkeit, die rechtlichen und finanziellen Freiräume und die relativen Faktorkosten der F+E. Die letzteren umfassen die Managementattraktivität der Auslandstochter und die Orientierung auf relevante Marktteilnehmer.

2. Die acht Faktoren werden in ihrer Bedeutung für das F+E-Auslandsengagement unterschiedlich eingeschätzt. Sehr große Bedeutung wird der Personalverfügbarkeit beigemessen, während die relativen Faktorkosten der F+E, die rechtlichen und finanziellen Freiräume und die Orientierung auf relevante Marktteilnehmer recht unbedeutend sind.

3. Die Faktoren variieren mit dem Typ der F+E-Einheiten und weisen teilweise deutliche Unterschiede auf.

Nach der Erörterung unterschiedlicher Typen ausländischer F+E-Einheiten und ihrer Bestimmungsgründe soll im folgenden 6. Kapitel der Versuch unternommen werden, den Erfolg solcher Einheiten zu bestimmen (die Wie-Frage).

6 Erfolgsbeurteilung

Kapitel 6 beschäftigt sich mit der Frage, mit welchem Erfolg die Aktivitäten der ausländischen F+E-Einheiten durchgeführt werden. Hierbei wird zum einen auf die Daten der Fragebogenerhebung zurückgegriffen. Zum anderen werden Daten herangezogen, die im Rahmen einer mündlichen Befragung von britischen Muttergesellschaften im Sommer 1991 in Großbritannien erhoben worden sind (siehe Kapitel 3.1).

Nach methodischen Anmerkungen zur Erfolgsmessung (Kapitel 6.1) werden in Kapitel 6.2 die Befunde der Fragebogenerhebung dargestellt. Hierbei findet eine differenzierte Betrachtung hinsichtlich des Einflusses des Typs von Einheit sowie verschiedener Kontextbedingungen (Art der Errichtung, Branche, Standort) auf den Erfolg statt. Sofern nicht anders vermerkt, beziehen sich die Ausführungen in Kapitel 6.2 auf die 186 F+E-Einheiten, die in Kapitel 4.2 in die Clusteranalyse einbezogen wurden.

Kapitel 6.3 zeigt anhand der Daten der mündlichen Befragung mögliche Auswirkungen des Managements ausländischer F+E-Einheiten auf den Erfolg auf. Die Ausführungen sind von einem explorativen Charakter geprägt. Wie bereits in Kapitel 2.3 erwähnt wurde, hat bisher keine Studie eine Erfolgsbetrachtung ausländischer F+E-Einheiten anhand konkreter Erfolgsmaße vorgenommen.

6.1 Methodisches Vorgehen bei der Erfolgsmessung

Die Bestimmung des Erfolges der ausländischen F+E-Einheiten orientiert sich an einer Betrachtung der Effektivität ("to do the right things") und der Effizienz ("to do things right") der F+E-Aktivitäten.[166] Unter Effizienz wird hierbei der Einsatz von F+E-Mitteln in einem möglichst günstigen Nutzen-Kosten-Verhältnis verstanden. Von einer effektiven Verwendung von F+E-Mitteln wird gesprochen, wenn die Mittel für Projekte eingesetzt werden, deren Ergebnisse in zeitlicher und sachlicher Hinsicht mit den Unternehmenszielen im Einklang stehen. Eine Effizienz- bzw. Effektivitätsbestimmung, die auf der Erfassung der einzelnen in einer

---

[166] In der empirischen Innovationsforschung sind unterschiedliche Erfolgs- bzw. Mißerfolgsbegriffe anzutreffen; eine einheitliche Meßkonvention liegt nicht vor, vgl. Hauschildt (1991, Messung).

ausländischen F+E-Einheit durchgeführten F+E-Projekte beruht, scheidet aus praktischen Erwägungen aus.

Zwei Indikatoren werden zur Erfolgsmessung eingesetzt. Zur Bestimmung der Effektivität wird das Ausmaß der Zielerreichung aus Sicht der Befragten herangezogen: "To what extent did the results, which the foreign R&D facility achieved in the last three years, meet the expectations?"[167] Aus der Formulierung ist ersichtlich, daß auf eine Betrachtung des Durchschnitts der Ergebnisse aus den letzten drei Jahren abgestellt wird, um Ausreißer bzw. außergewöhnliche Jahre zu vermeiden. Die Pretests zeigten, daß sich die F+E-Manager in der Lage sahen, den Grad der Zielerreichung der F+E-Einheiten zu bestimmen. Die Zielerreichungsvariable ist metrisch skaliert (von 0% bis 125 % und mehr), wobei ein Wert von 100% die volle Zielerreichung signalisieren würde.

Für den zweiten Indikator zur Beurteilung des Erfolges der ausländischen F+E-Einheiten wird auf ein von Brockhoff in einer internationalen Untersuchung zu den Stärken und Schwächen industrieller Forschung und Entwicklung eingesetztes Meßkonzept zurückgegriffen.[168] Erfolg wurde hierbei als Anteil des F+E-Budgets, der "zum Fenster 'rausgeschmissen wurde", erfaßt.[169] Es zeigte sich, daß diese Größe sowohl mit Ineffizienz als auch Ineffektivität korreliert.[170] Dieser Erfolgsindikator kam inzwischen auch in weiteren länderübergreifenden Studien zum Einsatz.[171]

Die Effektivitäts- und Effizienzbeurteilung der ausländischen F+E-Einheiten erfolgt durch die Headquarters (d.h. durch Manager der Muttergesellschaft).[172] Da es sich bei den beiden Er-

---

[167] Siehe Fragebogen im Anhang 1.

[168] Vgl. Brockhoff (1990, Stärken und Schwächen), Brockhoff/v. Ghyczy/Wilhelm (1988, Drei im Test), Brockhoff/v. Ghyczy/Wilhelm (1988, Triade) und Brockhoff/Wilhelm (1989, Zeitfalle). Brockhoff wendet das Erfolgsmaß auf ganze Unternehmen bzw. Geschäftsbereiche an.

[169] Siehe Fragebogen im Anhang 1 für die genaue Formulierung des Erfolgsindikators in der vorliegenden Studie.

[170] Vgl. Brockhoff (1990, Stärken und Schwächen), S. 25 ff.

[171] Vgl. Teichert (1994, Erfolgspotential), der das Erfolgsmaß auf der Ebene einzelner F+E-Kooperationsprojekte eingesetzt hat.

[172] Als zusätzliches Indiz für die Zufriedenheit der Headquarter-Manager mit der Tätigkeit ihrer ausländischen F+E-Einheiten enthält der Fragebogen eine Frage zum Ausmaß der Veränderungen, die die F+E-Manager an der Aufgabenstellung der ausländischen F+E-Einheit vornehmen würden, sofern ihnen freie Hand gegeben würde. "If you had no constraints, to what extent would you want to change the nature of operations of your R&D facility in each location?" (siehe Fragebogen im Anhang 1).

folgsmaßen um subjektive Einschätzungen handelt, ist nicht auszuschließen, daß es bei den Antworten zu Verzerrungen kommt. Einerseits ist es möglich, daß die Unternehmen ihre F+E-Auslandsaktivitäten positiver darstellen als sie es tatsächlich sind. Andererseits ist eine kritischere Einschätzung für den Fall denkbar, daß die Headquarter-Manager der Auffassung sind, die F+E-Aktivitäten eher bei den Headquarters durchführen zu wollen.

6.2 Befunde der Fragebogenerhebung

6.2.1 Generelle Unzufriedenheit der Headquarters

Aus Sicht der hochrangigen Headquarter-Manager weisen die ausländischen F+E-Einheiten deutliche Effektivitäts- und Effizienzprobleme auf (siehe Abb. 6-1). Die Erwartungen der Muttergesellschaft werden im Durchschnitt nur zu 76,4% von den ausländischen F+E-Einheiten erfüllt. Der Grad der Zielerreichung wird hierbei recht unterschiedlich eingeschätzt; der niedrigste Wert liegt bei 15%, der höchste bei 140%.

Die Headquarter-Manager sehen durchschnittlich 10,8% des ausländischen F+E-Budgets als zum Fenster 'rausgeschmissene F+E-Mittel an. Eine Übertragung eines solchen Anteils auf Arbeitstage würde bedeuten, daß alle zwei Wochen ein Arbeitstag als "vergeudet" zu betrachten wäre. Einigen ausländischen F+E-Einheiten wurde von der Muttergesellschaft eine recht starke Ineffizienz und Ineffektivität attestiert: Der zum Fenster 'rausgeschmissene Anteil beläuft sich auf bis zu 50% des Budgets.[173]

Die beiden Erfolgsmaße stehen in einem signifikant negativen Zusammenhang, was zu erwarten war.[174] Dies bedeutet, daß bei F+E-Einheiten, die die Erwartungen der Muttergesellschaft in

---

[173]   Auch in der zusätzlichen Frage - dem Wunsch nach Veränderung - spiegelt sich ein gewisses Maß an Unzufriedenheit wider. Der Mittelwert liegt bei 2,8 und der Median bei 3,0 (auf einer 5-Punkt-Likert Skala). Der Wunsch nach Veränderung steht in Zusammenhang mit der Höhe des zum Fenster 'rausgeschmissenen Budgetanteils (Korrelationskoeffizient: 0,30 bei einem Signifikanzniveau von $p < 0,01$).

[174]   Der Korrelationskoeffizient beträgt - 0,27 bei einem Signifikanzniveau von $p < 0.01$.

hohem Maße erfüllen, geringe Anteile der F+E-Mittel als 'rausgeschmissen eingestuft werden.[175]

Abb.   6-1

Erfolgsmaße

Erfolgsmaß	Median	Mittelwert	Standard-abweichung
"To what extent did the results meet the expectations?" (n=180)	75,0	76,4	22,5
"What share of total spending is being wasted?" (n=176)	10,0	10,8	9,2

Nach der Erörterung der Durchschnittswerte der Erfolgsmaße im Sample soll im folgenden eine weitere Differenzierung der Erfolgsbestimmung vorgenommen werden. Hierbei sind folgende Fragestellungen von besonderem Interesse:

1. Inwieweit lassen sich Erfolgsunterschiede für die fünf Typen von F+E-Einheiten (aus Kapitel 4) beobachten?

2. Haben Kontextbedingungen wie die Art der Errichtung[176], die Branche und der Standort einen Einfluß auf den Erfolg der F+E-Einheiten?

---

175   Das Ergebnis entspricht dem Befund Brockhoffs, wo der "zum Fenster 'rausgeschmissene Budgetanteil" mit Ineffizienz und Ineffektivität korreliert ist; vgl. Brockhoff (1990, Stärken und Schwächen), S. 25 ff.

176   In der Literatur wird immer wieder auf die Bedeutung von Akquisitionen für die Internationalisierung von F+E-Aktivitäten hingewiesen; vgl. hierzu die Ausführungen in Kapitel 2.1.1 und Kapitel 4.1.4.

6.2.2 Erfolg und Typen von F+E-Einheiten

Mit Hilfe der Varianzanalyse (one-way ANOVA) wurde der Einfluß der Clusterzugehörigkeit
auf die beiden Erfolgsmaße ermittelt und etwaige signifikante Mittelwertunterschiede zwischen
den Clustern anhand des Scheffé-Tests berechnet. Die Ergebnisse sind in Abb. 6-2 dargestellt.

Abb.   6-2
Erfolg und Typen von F+E-Einheiten

Clusterzugehörigkeit	"To what extent did the results meet the expectations?"	"What share of total spending is being wasted?"
Angewandter Forscher (Cluster 1)	74,6 (n=37)	10,7 (n=36)
Allround-F+E-Einheit mit regionalem Fokus (Cluster 2)	80,4 (n=84)	11,3 (n=83)
Lokaler Problemlöser (Cluster 3)	69,7 (n=35)	9,1 (n=33)
Kooperierender Grund-lagenforscher (Cluster 4)	82,5 (n=10)	7,6 (n=10)
Allround-F+E-Einheit mit Weltmarktorientie-rung (Cluster 5)	69,6 (n=14)	14,8 (n=14)
F-Wert	2,0*	1,3 n.s.

* F-Wert in ANOVA bei $p<0,1$; n.s. = nicht signifikant

Die F-Statistik zeigt, daß sich die Cluster lediglich hinsichtlich der Zielerreichung signifikant
voneinander unterscheiden, nicht jedoch in bezug auf die Mittelverschwendung. Der Scheffé-
Test deutet auf keine signifikant unterschiedlichen Clusterpaare hin. Auffällig ist das gute Abschneiden der Gruppe der kooperierenden Grundlagenforscher. Die ausgeprägte Kooperations-
neigung der Grundlagenforscher mag dazu beitragen, daß ihre Tätigkeit unternehmensweit
wahrgenommen wird. Da ihre Tätigkeit wenig konkret bzw. marktbezogen ist (es wird keine

Produktentwicklung in diesen Labors betrieben), sie allerdings vielerorts wahrgenommen wird, kann sich hieraus eine positive Einschätzung von Effektivität und Effizienz ergeben. Ferner werden die Kosten mittels Kooperationspartner gesenkt, was sich positiv auf die Effizienz auswirken kann.

6.2.3 Erfolg und Art der Errichtung der F+E-Einheiten

In einer weiteren Varianzanalyse (one-way ANOVA mit Scheffé-Test) wurde untersucht, inwieweit die Art der Errichtung der F+E-Einheiten einen Einfluß auf die Erfolgsmaße haben. Das Sample wurde entsprechend in drei Gruppen eingeteilt: auf der grünen Wiese errichtete F+E-Einheiten, aus technologischen Gründen akquirierte F+E-Einheiten und aus nicht-technologischen Gründen akquirierte Einheiten.[177] Aus der F-Statistik in Abb. 6-3 ist ersichtlich, daß die Art der Errichtung einen signifikanten Einfluß auf die Effektivität (Zielerreichung) ausübt, nicht jedoch auf die Effizienz (Budgetverschwendung). Die Effektivitätswerte der aus technologischen Gründen erworbenen F+E-Einheiten unterscheiden sich signifikant von den entsprechenden Werten der beiden anderen Gruppen.[178]

Es war zu erwarten, daß die beiden auf Akquisitionen zurückzuführenden Gruppen von Einheiten unterschiedliche Erfolgsbeurteilungen aufweisen würden. Es ist jedoch überraschend, daß die aus technologischen Gründen erworbenen Einheiten besser abschneiden als die auf der grünen Wiese entstandenen Einheiten. Die positive Beurteilung von Einheiten, die aus technologisch motivierten Unternehmenskäufen resultieren, mag darin begründet liegen, daß der gezielte Erwerb technologischen Wissens eine aus strategischen Überlegungen heraus erforderliche Ergänzung der technologischen Basis des Unternehmens darstellt, die demzufolge zu einer hohen Zielerreichung (d.h. Übereinstimmung mit Unternehmenszielen) führt.

---

[177] Vgl. Kapitel 4.1.4.

[178] Scheffé-Test bei $p < 0,1$.

Abb.   6-3

Erfolg und Art der Errichtung

Art der Errichtung	"To what extent did the results meet the expectations?"	"What share of total spending is being wasted?"
Auf der grünen Wiese	74,7 (n=113)	10,7 (n=110)
Akquisition aus technologischen Gründen	87,5 (n=24)	9,2 (n=23)
Akquisition aus nicht-technologischen Gründen	74,6 (n=41)	11,4 (n=41)
F-Wert	3,4*	0,5 n.s.

* F-Wert in ANOVA bei $p<0,05$; n.s. = nicht signifikant

Auch wenn die Effizienzwerte keine signifikanten Gruppenunterschiede aufweisen, so spiegeln sie dennoch die Ergebnisstruktur der Effektivitätsvariablen wider, indem die aus technologischen Gründen erworbenen F+E-Einheiten einen geringeren Anteil des Budgets verschwenden als die anderen beiden Gruppen von Einheiten.

6.2.4 Erfolg und Branchenzugehörigkeit

Einen Brancheneinfluß auf den Erfolg ausländischer F+E-Einheiten konnte varianzanalytisch (one-way ANOVA) für die Zielerreichungsvariable nachgewiesen werden, jedoch nicht für die Budgetverschwendung (siehe F-Statistik in Abb. 6-4). Der Scheffé-Test deutet auf keine signifikant unterschiedlichen Branchenpaare hin.

Abb.   6-4

Erfolg und Branchenzugehörigkeit von F+E-Einheiten

Branchenzugehörigkeit	"To what extent did the results meet the expectations?"	"What share of total spending is being wasted?"
Elektrotechnik	72,7 (n=41)	10,8 (n=39)
Chemie	71,4 (n=50)	10,2 (n=50)
Pharma	80,8 (n=38)	11,2 (n=37)
Maschinenbau	84,4 (n=31)	11,7 (n=30)
Lebensmittel, Agrar	76,0 (n=20)	10,5 (n=20)
F-Wert	2,3*	0,1 n.s.

* F-Wert in ANOVA bei $p<0,1$; n.s. = nicht signifikant

Auffällig ist das gute Abschneiden von Einheiten des Maschinenbaus, denen im Durchschnitt ein Zielerreichungsgrad von 84,4% zugesprochen wurde. Es ist zu vermuten, daß diese Einheiten vornehmlich mit Entwicklungs- und Anpassungsaufgaben an lokale Marktgegebenheiten betraut sind. Derartige Aufgabenstellungen zeichnen sich in der Regel durch klar umrissene Zielvorgaben aus, die von Seiten der ausländischen F+E-Einheiten eingehalten werden können. Folglich werden die F+E-Einheiten von Seiten der Headquarters als recht erfolgreich eingeschätzt (d.h. hohe Zielerreichungsgrade).

6.2.5 Erfolg und Standort der F+E-Einheiten

Eine weitere Kontextvariable, die den Erfolg ausländischer F+E-Einheiten beeinflussen könnte, stellt der Standort der Einheiten dar. Für die varianzanalytische Untersuchung wurde das Sample in sieben Gruppen eingeteilt: Neben den fünf Ländern mit der höchsten Anzahl an Einheiten (USA, Bundesrepublik Deutschland, Großbritannien, Frankreich und Japan) wurden zwei Ländergruppen (übriges Europa und Rest der Welt) gebildet.[179] Die F-Statistik in Abb. 6-5 (one-way ANOVA) zeigt, daß der Standort einen hochsignifikanten Einfluß auf die Mittelverschwendung ausübt. Hinsichtlich des zweiten Erfolgsmaßes, der Zielerreichung, weist der Standort einen tendenziellen Einfluß (p<0,15) auf. Es kann festgehalten werden, daß die Kontextvariable Standort sich sowohl auf die Effektivität als auch die Effizienz ausländischer F+E-Einheiten auswirkt.

Abb. 6-5
Erfolg und Standort von F+E-Einheiten

Standorte	"To what extent did the results meet the expectations?"	"What share of total spending is being wasted?"
USA	72,1 (n=26)	15,3 (n=26)
Bundesrepublik Deutschland	86,5 (n=13)	9,3 (n=13)
Großbritannien	71,4 (n=22)	15,4 (n=21)
Frankreich	70,3 (n=15)	14,7 (n=14)
Japan	81,8 (n=25)	8,2 (n=25)
übriges Europa	81,1 (n=37)	7,9 (n=37)
Rest der Welt	73,5 (n=47)	8,9 (n=40)
F-Wert	1,6 n.s.	4,0***

*** F-Wert in ANOVA bei p<0,001; n.s. = nicht signifikant (p<0,15)

Bei Betrachtung der durchschnittlich zum Fenster 'rausgeschmissenen Budgetanteile fällt auf, daß die sieben Gruppen von F+E-Einheiten in zwei deutlich voneinander abweichende Klassen fallen: zum einen jene Einheiten mit geringer Mittelverschwendung von etwa 8,5% (Deutschland, Japan, übriges Europa und Rest der Welt) und zum anderen solche mit einer hohen Mit-

---

[179]   Siehe Kapitel 4.1.1.

telverschwendung um 15% (USA, Großbritannien und Frankreich). Die Werte der Zielerreichungsvariablen spiegeln das Bild von den zwei Klassen ebenfalls wider. Anhand des Scheffé-Tests (für das Erfolgsmaß Mittelverschwendung) konnten signifikante Gruppenunterschiede zwischen Einheiten in den USA und solchen im übrigen Europa festgestellt werden.[180]

Die vorliegenden Ergebnisse zum Erfolg ausländischer F+E-Einheiten an verschiedenen Standorten sollten nicht dahingehend verstanden werden, daß Unternehmen die USA oder Großbritannien als Standorte für F+E-Einheiten meiden und eher in der Bundesrepublik Deutschland, Japan oder im übrigen Europa F+E-Einheiten errichten sollten. Weitere Untersuchungen zu den Ursachen der Erfolgsunterschiede zwischen den Ländern sind erforderlich. Es können hier nur Vermutungen geäußert werden.

In einer Reihe von Studien werden die industriellen F+E-Aktivitäten bzw. die Innovationstätigkeit verschiedener Länder vergleichend analysiert und nationale Unterschiede gegenübergestellt.[181] Eine Verwendung der Ergebnisse solcher Studien zur Erklärung der oben dargestellten standortbezogenen Erfolgsunterschiede ausländischer F+E-Einheiten würde von der Annahme ausgehen, daß die ausländischen F+E-Einheiten den F+E-Einrichtungen im Gastland in Organisation und Führung stark ähneln. Hiervon kann jedoch nicht ohne weiteres ausgegangen werden, da eine ausländische F+E-Einheit durchaus Führungs- und Organisationsstrukturen der Muttergesellschaft aufweisen wird. Ein Einfluß der Muttergesellschaft wird beispielsweise durch die Anzahl und die Position von entsandten F+E-Mitarbeitern (sog. Expatriates) ausgeübt. Da die vorliegende Untersuchung keine Angaben zu den Führungs- und Organisationsstrukturen der ausländischen F+E-Einheiten enthält (dies geht weit über den Rahmen der Arbeit hinaus), können keine erklärenden Erläuterungen zur Erfolgswirkung der Variable Standort gemacht werden.

6.2.6 Gemeinsame Erfolgswirkung der Kontextbedingungen

Die singuläre Betrachtung einzelner Kontextbedingungen wirft die Frage auf, inwieweit die untersuchten Kontextvariablen gemeinsam erfolgswirksam sind.

---

[180] Scheffé-Test mit $p<0,1$. Bei einem Signifikanzniveau von $p<0,15$ weist der Scheffé-Test zusätzlich tendenzielle Unterschiede zwischen Einheiten in Großbritannien und solchen im übrigen Europa aus.

[181] Vgl. u.a. für einen Überblick Ernst/Wiesner (1994, Personalmanagement), Westney (1991, R&D Organization), Albach/de Pay/Rojas (1991, Innovationen) und die darin aufgeführten Studien.

Hinsichtlich des Zielerreichungsgrades ist zu vermuten, daß die Variablen Branche und Typ der Einheit eine Wechselwirkung aufweisen, d.h. Erfolgsunterschiede zwischen Branchen dürften davon abhängig sein, ob es sich beispielsweise um Einheiten des Typs "Angewandter Forscher" oder "Lokaler Problemlöser" handelt. Mit Hilfe der Varianzanalyse (ANOVA) konnte für die genannte Variablenkombination ein signifikanter Interaktionseffekt festgestellt und damit die Vermutung bestätigt werden.[182] Weitere signifikante Interaktionseffekte zwischen den vier Kontextbedingungen liegen für die Zielerreichungsvariable nicht vor.

In bezug auf die Mittelverschwendung ist es denkbar, daß eine Wechselwirkung zwischen dem Standort und der Aufgabenstellung (Typ) der Einheiten zum Tragen kommt. Die Varianzanalyse (ANOVA) weist einen hochsignifikanten Interaktionseffekt aus.[183] Die anderen beiden Kontextbedingungen (Art der Errichtung und Branche) verzeichnen keine signifikanten Interaktionseffekte mit dem Standort der Einheiten.

6.2.7 Zusammenfassung

Eine Analyse der Erfolgsvariablen aus der Fragebogenerhebung deutet darauf hin, daß generell Effektivitäts- und Effizienzprobleme bei den ausländischen F+E-Einheiten anzutreffen sind. Hinsichtlich der Zielerreichung konnte ein signifikanter Einfluß der Typen von F+E-Einheiten sowie der Art der Errichtung und der Branche festgestellt werden. F+E-Einheiten, die aus technologisch motivierten Akquisitionen resultieren, wurden erfolgreicher eingestuft als andere Einheiten. In bezug auf das zweite Erfolgsmaß, den zum Fenster 'rausgeschmissenen Budgetanteil, wies lediglich eine Kontextvariable, der Standort der Einheiten, einen signifikanten Einfluß auf. Einheiten in den USA und Großbritannien wurde eine überdurchschnittlich hohe Mittelverschwendung bescheinigt.

Während die bisherigen Ausführungen zum Erfolg ausländischer F+E-Einheiten den Einfluß von Kontextbedingungen auf den Erfolg (anhand der Daten der Fragebogenerhebung) zum Gegenstand hatten, soll im folgenden der Einfluß des Managements der F+E-Einheiten auf den Erfolg angesprochen werden. Dieser Einfluß wurde im Rahmen einer explorativen Interviewstudie in Großbritannien untersucht.

---

[182]   Signifikanzniveau von $p < 0{,}1$.

6.3 Explorative Untersuchung zum Management ausländischer F+E-Einheiten: Interviews in Großbritannien

6.3.1 Aufbau der Untersuchung

In Ergänzung zu der bisher erörterten Fragebogenerhebung wurden im Sommer 1991 acht Interviews in sieben britischen Unternehmen[184] (Muttergesellschaften) mit dem Ziel durchgeführt,

- die in der Fragebogenerhebung vorgenommene Erfolgsmessung zu überprüfen und

- die Erfolgsbeurteilung ansatzweise um eine Betrachtung des Managements ausländischer F+E-Einheiten zu erweitern und etwaige Managementprobleme zu skizzieren.

Sechs der Unternehmen hatten bereits an der schriftlichen Befragung teilgenommen (siehe Kapitel 3); in fünf von diesen sechs Unternehmen konnte dieselbe Führungskraft für die Interviews gewonnen werden, die seinerzeit auch den Fragebogen ausgefüllt hatte. Bei den acht Gesprächspartnern handelte es sich um hochrangige F+E-Manager der Muttergesellschaft, die als F+E-Leiter bzw. Leiter der F+E-Planung mit den ausländischen F+E-Aktivitäten ihres Unternehmens vertraut waren. Eine Reihe der Gesprächspartner waren selbst in einer ausländischen F+E-Einheit tätig gewesen. Die Interviews wurden als strukturierte Interviews anhand eines Gesprächsleitfadens (Fragebogens)[185] geführt und dauerten im Durchschnitt etwa eineinhalb Stunden.

Die Interviews nahmen konkret auf einzelne ausländische F+E-Einheiten (als Untersuchungseinheit) Bezug. Neun der insgesamt dreizehn untersuchten F+E-Einheiten waren bereits in der Fragebogenerhebung Gegenstand der Betrachtung.[186] Das Sample der dreizehn Einheiten wird

---

183   Signifikanzniveau von p<0,001.

184   Die Interviewreise wurde durch ein Forschungsstipendium der Zeitschrift "R&D Management" ermöglicht.

185   Siehe Anhang 3.

186   Es wurde bewußt darauf geachtet, möglichst viele Einheiten aus der Fragebogenerhebung auch für die mündliche Befragung auszuwählen, um einen Vergleich der Ergebnisse der Erfolgsmessung durchführen zu können (siehe Kapitel 6.3.2)

von Einheiten der Chemischen Industrie dominiert (zehn der dreizehn Einheiten) und setzt sich vornehmlich aus Einheiten in Industrieländern zusammen.

Die Interviews beinhalteten Fragen zur Aufgabenstellung, zur Planung und Kontrolle (Autonomie), zur Kommunikation und zum Erfolg ausländischer F+E-Einheiten.

Es soll an dieser Stelle ausdrücklich darauf hingewiesen werden, daß aufgrund des explorativen Charakters der Interviewstudie die dargestellten Befunde mit der erforderlichen Zurückhaltung zu betrachten sind.

6.3.2 Bestätigung der Erfolgsmessung

Die Fragebogenerhebung hat gezeigt, daß die F+E-Manager sich in der Lage sehen, ihre ausländischen F+E-Einheiten anhand der beiden Erfolgsmaße "Grad der Zielerreichung" und "Anteil des zum Fenster 'rausgeschmissenen Budgets" zu beurteilen. Da es sich bei den beiden Erfolgsvariablen um Wahrnehmungsdaten handelt, stellt sich die Frage nach der zeitlichen Stabilität der subjektiven Einschätzungen. Um dies zu überprüfen, wurden jene fünf Interviewpartner, die auch die Daten in der Fragebogenerhebung bereitgestellt hatten, um eine erneute Beurteilung ihrer F+E-Einheiten im Ausland anhand der genannten Kriterien gebeten. Die Erfolgsbeurteilung bezog sich auf denselben Zeitraum bzw. Zeitpunkt wie im Fragebogen. Für sechs von sieben untersuchten Einheiten konnte eine hohe Übereinstimmung der Erfolgsbeurteilung im Fragebogen mit der der mündlichen Befragung (für beide Variablen) festgestellt werden. Die Abweichungen belaufen sich hier auf weniger als 10%.

Das Ergebnis kann als Indiz dafür gewertet werden, daß das gewählte Verfahren der subjektiven Einschätzung der ausländischen F+E-Einheiten anhand der Zielerreichung und der Mittelverschwendung unter Reliabilitätsaspekten eine geeignete Erfolgsbeurteilung darstellt.[187]

---

[187] Für zwei weitere ausländische F+E-Einheiten liegen Erfolgsbeurteilungen aus der Fragebogenerhebung und aus der mündlichen Befragung vor, die jedoch von zwei unterschiedlichen Personen vorgenommen wurden und somit eher den Validitätsaspekt berühren. Die beiden Antwortenden stimmen lediglich für eine Einheit in ihrer Beurteilung überein.

6.3.3 Autonomie der ausländischen F+E-Einheiten

Nach erfolgter Errichtung von F+E-Aktivitäten im Ausland stellt sich die Frage, welches Maß an Autonomie den ausländischen F+E-Einheiten innerhalb des weltweiten F+E-Netzwerkes eines Unternehmens im Rahmen der F+E-Planung und Kontrolle zukommt. Analog zu den Befunden zu den verschiedenen Aufgabenstellungen (Typen) von Einheiten kann vermutet werden, daß die einzelnen F+E-Einheiten unterschiedliche Autonomiegrade aufweisen.

In der Untersuchung von Behrman/Fischer erfolgte die Beurteilung des Autonomiegrades anhand einer vierstufigen Skala, die sich von "total freedom" bis "absolute centralization" erstreckte.[188] In der vorliegenden mündlichen Befragung wurde zur Bestimmung der Autonomie der einzelnen F+E-Einheiten neben einem "overall rating" des Autonomiegrades auf einzelne Aspekte des Planungs- und Kontrollprozesses abgestellt.[189] So wurde u.a. danach gefragt, an wen der Leiter der ausländischen F+E-Einheit berichtet und inwieweit die ausländische F+E-Einheit an der Festlegung von F+E-Zielen und des F+E-Budgets beteiligt wird. Da die Interviewpartner eine Reihe von Angaben zur Autonomie der F+E-Einheiten vornehmlich in verbaler Form gemacht haben, werden im folgenden lediglich inhaltliche Tendenzaussagen dargestellt, die zum Teil mit direkten Äußerungen von Interviewpartnern korrespondieren.

In den Interviews wurde deutlich, daß sich die betrachteten F+E-Einheiten hinsichtlich der zur Autonomie herangezogenen Variablen voneinander unterscheiden. Die Varianz bezieht sich nicht nur auf Einheiten verschiedener Unternehmen, sondern auch auf Einheiten innerhalb eines Unternehmens. Die Unterschiede zwischen den Einheiten scheinen wesentlich von der strategischen Aufgabenstellung der Einheiten bestimmt zu werden. Einheiten mit Betonung auf Entwicklungsarbeiten, wie z.B. der lokale Problemlöser (Anwendungstechniker), verfügen tendenziell über eine geringe Autonomie, die mit einer stärkeren Formalisierung einhergeht und sich in einer Dominanz der Headquarters bei Planungsentscheidungen ausdrückt.[190] Die betrachteten Forschungslabors lassen eher eine hohe Autonomie erkennen. Sie stehen vornehmlich mit der

---

[188]   Vgl. Behrman/Fischer (1980, Overseas R&D); siehe auch Kapitel 2.3. Die unterschiedlichen Autonomiegrade beziehen sich bei Behrman/Fischer auf das gesamte Unternehmen und nicht auf die einzelnen ausländischen F+E-Einheiten.

[189]   Siehe "Part II: Planning" des Gesprächsleitfadens im Anhang 3. Die Variablen basieren zum Teil auf einer Untersuchung von Ghoshal; vgl. Ghoshal (1986, Innovative Multinational).

[190]   Je nach Organisation des Unternehmens bezieht sich Headquarters hier auch auf die Spartenleitung bzw. Division Head, da das Budget für Entwicklungsprojekte zum großen Teil von den einzelnen Geschäftsbereichen aufgebracht wird.

F+E-Funktion des Unternehmens in Kontakt, was sich auch in der Mittelherkunft des Budgets äußert: Die zentrale F+E (oftmals als "corporate" oder "group R&D" bezeichnet) finanziert zum großen Teil die Forschungsprojekte.

Die explorativen Befunde der Interviews könnten dahingehend gedeutet werden, daß ausländische Forschungslabors getrennt von ausländischen Entwicklungseinheiten untersucht werden sollten. Dieser Eindruck mag allerdings durch die überproportional vertretene Chemische Industrie im Sample hervorgerufen worden sein.

Es kann festgehalten werden, daß die betrachteten Autonomievariablen im untersuchten Sample Unterschiede zwischen den ausländischen F+E-Einheiten - auch innerhalb eines Unternehmens - aufzeigen. Dies unterstreicht den differenzierten Charakter der ausländischen F+E-Aktivitäten, wie er bereits bei der Erörterung der Aufgabenstellung und den Bestimmungsgründen von ausländischen F+E-Einheiten in den vorangegangenen Kapiteln zum Ausdruck gekommen ist.

6.3.4 Kommunikations- und Abstimmungsprobleme

Neben der Autonomiefrage wurden in den Interviews potentielle Probleme beim Management ausländischer F+E-Einheiten untersucht. Die Interviewpartner wurden gebeten, auf einer siebenstufigen Skala den Grad der Zustimmung zu verschiedenen Aussagen zum Zeit- und Kostenmanagement sowie zu Kommunikations- und Abstimmungsproblemen anzugeben.[191] Die folgenden Angaben beziehen sich nicht auf einzelne ausländische F+E-Einheiten, sondern auf die Gesamtheit der ausländischen F+E-Aktivitäten der Unternehmen.[192]

Die F+E-Manager der britischen Muttergesellschaften sehen Mängel ihrer ausländischen F+E-Aktivitäten vor allem im Zeitmanagement (verspäteter Markteintritt) und in Ineffektivität (Verfolgung falscher Ziele) begründet (siehe Abb. 6-6). Wenig gravierend schätzen sie die Ineffizienz (zu hohe Kosten) ein. Eine mittlere Position nimmt der Eindruck von einer technologischen Aufholjagd ein. Als technologisch überlegene Wettbewerber wurden am häufigsten sol-

---

191   Die Variablen entstammen einer Untersuchung von Brockhoff; vgl. Brockhoff (1990, Stärken und Schwächen).

192   Der Fragenkomplex "Part IV B." (siehe Gesprächsleitfaden Anhang 3) wurde nicht für jede betrachtete Einheit einzeln durchgegangen, sondern für alle F+E-Einheiten eines Unternehmens zusammen erörtert.

che in den USA und der Bundesrepublik Deutschland/Westeuropa genannt. Dies ist vor dem Hintergrund der starken Vertretung von Chemieunternehmen im Sample nicht verwunderlich.

Abb. **6-6**
Beurteilung von Effektivitäts- und Effizienzindikatoren

Variable	Mittelwert (n=7)
verspäteter Markteintritt	4,7
Verfolgung falscher Ziele	4,3
Eindruck von einer technologischen Aufholjagd	3,9
zu hohe Kosten	3,1

Ineffektivität und Ineffizienz können u.a. durch Kommunikations- und Abstimmungsprobleme hervorgerufen werden. Einige Kriterien, die Aufschluß über solche Probleme geben können, sind in Abb. 6-7 aufgeführt. Als Hauptproblem wird von den befragten britischen Headquarter-Managern die geringe Marktkenntnis der Entwickler angesehen. Dies ist verwunderlich, da man davon ausgehen kann, daß vielfach ausländische F+E-Einheiten aus Gründen der Nähe zum ausländischen Markt errichtet werden und folglich besondere Marktkenntnisse bei der ausländi-schen F+E-Einheit vorhanden sein sollten. Anscheinend sind diese Marktkenntnisse nicht in ausreichendem Maße (aus Sicht der Headquarters) verfügbar bzw. werden die Markterfordernisse möglicherweise nicht in vollem Umfang zwischen den am Produktentwicklungsprozeß beteiligten betrieblichen Funktionen (wie etwa Marketing und F+E) ausgetauscht. Ferner beklagen die Befragten, daß viele gute Ideen der Entwickler nicht weiter verfolgt werden. Als weniger problematisch schätzen die Headquarter-Manager den Hang zur Überperfektionierung sowie das Weiterarbeiten an offiziell abgebrochenen bzw. nicht genehmigten Projekten ein.

Abb. 6-7

Beurteilung von Kommunikations- und Abstimungsproblemen

Kriterien	Mittelwert (n=7)
Geringe Marktkenntnisse der Entwickler	3,3
Viele nicht weiter verfolgte Ideen	3,1
Viele Projekte mit "U-Boot-Charakter"[193]	2,7
Hang zur Überperfektionierung	2,6

Die dargelegten Kommunikations- und Abstimmungsprobleme führen die Befragten vor allem darauf zurück, daß der Informationsfluß zwischen den Ressorts in hohem Maße von persönlicher Sympathie abhängig ist (siehe Abb. 6-8). Als weitere wesentliche Ursache wird die zu geringe Information und Feedback vom Marketing vor und während der Produktentwicklung genannt. Weder der Perfektionsdrang der Entwickler noch zu viele Kompromisse im Entwicklungsprozeß scheinen von Bedeutung zu sein.

---

[193] Hierbei handelt es sich um offiziell abgebrochene oder nicht genehmigte Projekte, an denen die Entwickler weiterarbeiten, siehe Gesprächsleitfaden im Anhang 3.

Abb. 6-8

Mögliche Ursachen für Kommunikations- und Abstimmungsprobleme

Ursache	Mittelwert[194] (n=6)
Sympathieabhängiger Informationsfluß	3,8
Information und Feedback vom Marketing zu gering	3,5
zu viele Kompromisse im Entwicklungsprozeß	2,3
Perfektionsdrang der Entwickler	2,3

Als Maßnahmen zur Überwindung von Kommunikations- und Abstimmungsproblemen wurde einerseits auf den verstärkten Einsatz von elektronischen Hilfsmitteln wie Electronic Mail, Videokonferenzen sowie unternehmensweiten Informationssystemen[195] verwiesen. Die Verbreitung solcher elektronischer Kommunikationsmittel schien in den befragten Unternehmen recht unterschiedlich zu sein. Andererseits wurde in den Interviews vielfach betont, daß der Personalpolitik, beispielsweise durch den wechselnden Einsatz von Forschern und Entwicklern an verschiedenen Standorten, eine nicht unerhebliche Bedeutung zukommt.

Die Befunde der Interviews stellen erste Hinweise zur Erfolgsanalyse dar. Eine genaue Untersuchung der Ursachen für Erfolgsunterschiede von F+E-Einheiten hinsichtlich des Managements solcher Einheiten geht über den Rahmen der vorliegenden Arbeit hinaus und bedarf weiterer Forschung (siehe Kapitel 7.2).

---

[194] Die Richtung der siebenstufigen Skala wurde für die Frage nach den Ursachen umgedreht, d.h. ein Wert von 1 bedeutet keine Zustimmung (1=disagree), während ein Wert von 7 starke Zustimmung ausdrückt (7=agree).

[195] Vgl. v. Boehmer (1994, Information Systems).

7 Zusammenfassung und Ausblick

7.1 Zusammenfassung

Die vorliegende Arbeit verfolgt drei Ziele:

1. Identifikation unterschiedlicher Typen von ausländischen F+E-Einheiten,

2. Ermittlung der Bestimmungsgründe für die F+E-Tätigkeit im Ausland,

3. Bestimmung des Erfolges der F+E-Einheiten.

Auf der Grundlage einer Fragebogenerhebung bei multinationalen Unternehmen in drei Ländern (USA, Großbritannien und Bundesrepublik Deutschland) konnte die bisher umfangreichste Stichprobe ausländischer F+E-Einheiten (228 Einheiten) gewonnen werden.

In einem ersten Schritt wurden anhand der drei Dimensionen "Art der Tätigkeit", "Marktorientierung" und "Interaktion" unter Einsatz der Clusteranalyse fünf Typen von ausländischen F+E-Einheiten identifiziert. Zwei Typen von Einheiten treten in Form von Forschungslabors auf: "Angewandter Forscher" und "Kooperierender Grundlagenforscher". Der letztgenannte Typ von Einheit zeichnet sich - wie der Name es sagt - durch eine überdurchschnittliche Kooperation mit anderen F+E-Einheiten des Unternehmens (sowohl dem Headquarter-Labor als auch anderen ausländischen F+E-Einheiten) aus. Zwei weitere Typen von Einheiten arbeiten in einem breiten Tätigkeitsspektrum (von Grundlagenforschung über angewandte Forschung zu Entwicklungs- und Monitoringaktivitäten), unterscheiden sich jedoch deutlich in der Marktausrichtung: "Allround-F+E-Einheit mit regionalem Fokus" und "Allround-F+E-Einheit mit Weltmarktorientierung". Die fünfte Gruppe von Einheiten beschränkt sich auf Entwicklungsarbeiten für einen klar umgrenzten Markt: "Lokaler Problemlöser (Anwendungstechniker)".

Aufgrund der empirisch-statistischen Vorgehensweise (explizite Einbeziehung der drei Dimensionen "Art der Tätigkeit", "Marktorientierung" und "Interaktion") ist es gelungen, ein stärker differenziertes Bild ausländischer F+E-Einheiten zu gewinnen. Neben der Unterscheidung von zwei Arten von Forschungslabors konnte ein zusätzlicher Typ identifiziert werden, die Allround-F+E-Einheit mit Weltmarktorientierung.

In einem zweiten Schritt wurden die Bestimmungsgründe für die laufende Tätigkeit der ausländischen F+E-Einheiten ermittelt. Die im Fragebogen enthaltenen 42 potentiellen Bestimmungsgründe konnten unter Einsatz der Faktorenanalyse auf acht unabhängige Faktoren verdichtet werden. Die Faktoren bilden sowohl standortspezifische als auch unternehmensspezifische Sachverhalte ab. Zu den ersteren zählen die Marktbesonderheiten, die Marktattraktivität, die Attraktivität des institutionellen wissenschaftlich-technologischen Umfelds, die Personalverfügbarkeit, die rechtlichen und finanziellen Freiräume und die relativen Faktorkosten der F+E. Die letzteren umfassen die Managementattraktivität der Auslandstochter und die Orientierung auf relevante Marktteilnehmer.

Die acht Faktoren werden in ihrer Bedeutung für das F+E-Auslandsengagement unterschiedlich eingeschätzt. Die größte Bedeutung wird der Personalverfügbarkeit beigemessen, gefolgt von der Marktattraktivität, der Managementattraktivität der Auslandstochter, den Marktbesonderheiten und der Attraktivität des institutionellen wissenschaftlich-technologischen Umfelds. Recht unbedeutsam sind die relativen Faktorkosten der F+E, die rechtlichen und finanziellen Freiräume sowie die Orientierung auf relevante Marktteilnehmer.

Die Faktoren variieren mit dem Typ der F+E-Einheiten und weisen teilweise deutliche Unterschiede auf. Die signifikanten Ergebnisse dieser differenzierten Betrachtung der Bestimmungsgründe für einzelne Typen von Einheiten unterstreichen, daß die Bestimmungsgründe nicht einheitlich auf die Internationalisierung von F+E-Aktivitäten wirken.

Für den dritten Schritt der Studie, der Erfolgsbeurteilung, liegen bisher noch keine empirischen Untersuchungen vor. Es wurde der Versuch unternommen, den Erfolg der ausländischen F+E-Einheiten anhand der Variablen "Ausmaß, in dem die Erwartungen erfüllt wurden", und "Anteil des zum Fenster 'rausgeschmissenen Budgets" zu messen. Erste Analysen lassen sowohl Effektivitäts- als auch Effizienzprobleme erkennen. Der Typ der Einheit und die Art der Errichtung weisen einen signifikanten Einfluß auf den Grad der Zielerreichung auf. F+E-Einheiten, die auf technologisch motivierte Akquisitionen zurückzuführen sind, wurde im Vergleich zu anderen Einheiten eine hohe Zielerreichung zugesprochen. Einen signifikanten Einfluß auf die Mittelverschwendung zeigt sich für den Standort der Einheiten, wobei Einheiten in den USA und Großbritannien von Seiten der Headquarters eine überdurchschnittliche Mittelverschwendung bescheinigt wird.

In einer zusätzlich zur Fragebogenerhebung durchgeführten explorativen Interviewstudie bei britischen Muttergesellschaften konnte gezeigt werden, daß die subjektive Einschätzung der ausländischen F+E-Einheiten anhand der beiden Variablen Zielerreichung und Mittelverschwendung unter Reliabilitätsaspekten eine geeignete Erfolgsbeurteilung darstellt. Die untersuchten F+E-Einheiten variieren hinsichtlich des Autonomiegrades, was auf die unterschiedliche Aufgabenstellung der Einheiten zurückgeführt werden könnte. Ferner deuten die Interviews auf Kommunikations- und Abstimmungsprobleme in bezug auf ausländische F+E-Aktivitäten hin.

7.2 Ausblick

Das Hauptaugenmerk zukünftiger Studien sollte in einer umfassenden Erfolgsbeurteilung und -erklärung hinsichtlich der Organisation und Führung (Management) ausländischer F+E-Einheiten liegen. Neben einer Verfeinerung des Meßkonzeptes für den Erfolg gilt es, die Organisationsstrukturen sowie die Koordinations- und Kommunikationsmechanismen zu betrachten.

Die ausländischen F+E-Aktivitäten weisen ein vielschichtiges Bild auf, was sich in den unterschiedlichen Typen von F+E-Einheiten manifestiert. Die Unternehmen stehen vor der Aufgabe, für eine derart differenzierte Aktivität effiziente und effektive Organisationsformen zu gestalten.[196] In der Literatur wird vielfach die Vorteilhaftigkeit des Netzwerk-Modells herausgestellt.[197] Bislang fehlen jedoch systematische empirische Befunde hierzu.

Neben der Wahl der Organisatonsform bedarf die Frage nach geeigneten Koordinations- und Kommunikationsmechanismen einer eingehenden Untersuchung. Im Hinblick auf die Koordinationsmechanismen stellt der Einfluß der Autonomie der ausländischen F+E-Einheiten auf den Erfolg einen interessanten Problemkreis dar. Zur Bestimmung des Autonomiegrades erscheint es sinnvoll, sich von der Frage leiten zu lassen, wo im Unternehmen und unter wessen Beteiligung Entscheidungen zur Planung und Kontrolle ausländischer F+E-Aktivitäten getroffen und

---

[196]   Siehe auch Bartlett/Ghoshal (1987, Organizational Responses).

[197]   Vgl. u.a. Gerpott (1990, F&E-Management).

koordiniert werden. Ansatzweise wurde dieses Vorgehen bereits in der explorativen Interviewstudie erprobt.

Unter Kommunikationsgesichtspunkten besteht Forschungsbedarf hinsichtlich geeigneter
Instrumente und Maßnahmen, die die Übertragung und Verbreitung der F+E-Ergebnisse (d.h.
des technologischen Wissens) innerhalb des Unternehmens über Landesgrenzen hinweg gewährleisten. Es ist davon auszugehen, daß die Unternehmen aufgrund des internationalen Wett-
bewerbsdrucks bestrebt sind, das an verschiedenen F+E-Standorten generierte technologische
Wissen weltweit innerhalb des Unternehmens zu verwerten. Informationstechnische Lösungen
kommen hierzu ebenso in Betracht wie personalpolitische Maßnahmen (z.B. Einrichtung eines
internationalen Karriereplans für Forscher und Entwickler). Es ist durchaus denkbar, daß in einem ersten Schritt eine eher beschreibende Studie in nur einem Konzern den Informationsfluß
untersucht. [198]

Bei der Erfolgsanalyse von Organisationsformen sowie von Koordinations- und Kommunikationsmechanismen kann vermutet werden, daß die Erfolgsbeurteilung je nach Sichtweise der
Befragten anders ausfällt. Die in der vorliegenden Arbeit eingenommene Sicht der Headquarter-
Manager weicht möglicherweise von der der Forscher und Entwickler in den betreffenden ausländischen F+E-Einheiten ab. Neben den Unterschieden zwischen Management und F+E-Mit-
arbeitern ist zusätzlich ein Unterschied zwischen Headquarters und Auslandstochter denkbar.
Abb. 7-1 bildet die vier möglichen Sichtweisen schematisch ab.

Eine explizite Berücksichtigung verschiedener Sichtweisen kann dazu beitragen, Kommunika-
tions- und Abstimmungs- sowie Führungsprobleme (z.B. Motivation der Forscher und Entwickler) aufzudecken. Ferner könnten Differenzen zwischen den Sichtweisen als Anhaltspunkte
für die Gestaltung von Kommunikations- und Koordinationsmechanismen herangezogen werden.

---

[198]   Caeldries/Moenaert (1993, Strategies) und Caeldries/Moenaert (1994, Locational Distribution) betrachten
Auslands-F+E aus Sicht der Informationsverarbeitung.

Abb. 7-1

Unterschiedliche Sichtweisen über den Erfolg
ausländischer F+E-Einheiten

Sicht	Management	Forscher / Entwickler
Headquarters	(1)	(2)
ausländische F+E-Einheit	(3)	(4)

Quelle: Brockhoff/v. Boehmer (1993, Global R&D), S. 406

Neben einer umfassenden Analyse des Erfolgs verdient die strategische Aufgabenstellung der ausländischen F+E-Einheiten die Aufmerksamkeit zukünftiger Forschungsanstrengungen. Da es sich bei der Analyse der fünf Typen von Einheiten in der vorliegenden Studie um eine Abbildung zu einem bestimmten Zeitpunkt handelt, wäre es interessant zu klären, welche Veränderungen die einzelnen F+E-Einheiten in ihrer Aufgabenstellung im Zeitablauf erfahren.

Aus methodischer Sicht kann festgehalten werden, daß der Einsatz von Wahrnehmungsdaten zur Erfolgsmessung unter Reliabilitätsaspekten geeignet erscheint. Unter Validitätsgesichtspunkten ist es angebracht, eine Erfolgsbeurteilung von unterschiedlichen Personen vornehmen zu lassen. Hierbei ist darauf zu achten, daß man für mögliche Varianz in den Antworten aufgrund anderer Sichtweisen - wie beispielsweise Management versus F+E-Mitarbeiter (siehe oben) - kontrolliert.

Durch die "self-selection" von Einheiten durch die Befragten kann ein Bias auftreten. In der vorliegenden Arbeit konnte das Ausmaß der möglichen Verzerrung nicht getestet werden. Zur Bestimmung des Verzerrungseffektes wäre es denkbar, das globale F+E-Netzwerk eines Konzerns vollständig zu erfaßen. Ein solches Vorgehen setzt allerdings ein erhebliches Maß an Kooperationsbereitschaft von Seiten der Industrie voraus.

Abschließend sei darauf hingewiesen, daß sich der Fragebogenaufbau mit der Möglichkeit, simultan für mehrere F+E-Einheiten Daten bereit zu stellen, bewährt hat. Die Befragten werden durch diese Vorgehensweise dazu angehalten, explizit einen Vergleich zwischen den betrachteten Einheiten vorzunehmen.

Literaturverzeichnis

Albach, H./de Pay, D./Rojas, R. (1991, Innovationen): Quellen, Zeiten und Kosten von Innovationen - Deutsche Unternehmen im Vergleich zu ihren japanischen und amerikanischen Konkurrenten. Zeitschrift für Betriebswirtschaft. 61 (3): 309-324.

Allen, T. J. (1977, Flow of Technology): Managing the Flow of Technology: Technology Transfer and the Dissemination of Technological Information Within the R&D Organization. Cambridge Mass./London.

Backhaus, K./Erichson, B./Plinke, W./Weiber, R. (1990, Analysemethoden): Multivariate Analysemethoden: eine anwendungsorientierte Einführung. 6. Auflage, Berlin.

Bartlett, C. A./Ghoshal, S. (1986, Subsidiaries): Tap your Subsidiaries for Global Reach. Harvard Business Review. 64 (6): 87-94.

Bartlett, C. A./Ghoshal, S. (1987, Organizational Responses): Managing Across Borders: New Organizational Responses. Sloan Management Review. 29 (1): 43-53.

Bartlett, C. A./Ghoshal, S. (1987, Strategic Requirements): Managing Across Borders: New Strategic Requirements. Sloan Management Review. 28 (4): 7-17.

Bartlett, C. A./Ghoshal, S. (1989, Transnational): Managing Across Borders: The Transnational Solution. Boston.

Behrman, J. N./Fischer, W. A. (1980, Overseas R&D): Overseas R&D Activities of Transnational Companies. Cambridge Mass.

Behrman, J. N./Fischer, W. A. (1980, Market Orientations): Transnational Corporations: Market Orientations and R&D Abroad. Columbia Journal of World Business. 15 (3): 55-60.

v. Boehmer, A. (1994, Information Systems): Information Systems for Technology Management. In: P. C. Deans/K. R. Karwan (Hrsg.): Global Information Systems and Technology: Focus on the Organization and Its Functional Areas. Harrisburg/London, 345-360.

v. Boehmer, A./Brockhoff, K./Pearson, A. W. (1992, Management): The Management of International Research and Development. In: P. J. Buckley/M. Z. Brooke (Hrsg.): International Business Studies: An Overview. Oxford, 495-509.

v. Boehmer, A./Stoll, P.-T. (1993, Technologiemanagement): Technologiemanagement. In: E. Gerum (Hrsg.): Handbuch Unternehmung und Europäisches Recht. Stuttgart, 193-218.

Brockhoff, K. (1990, Stärken und Schwächen): Stärken und Schwächen industrieller Forschung und Entwicklung: Umfrageergebnisse aus der Bundesrepublik Deutschland. Stuttgart.

Brockhoff, K. (1992, Forschung und Entwicklung): Forschung und Entwicklung: Planung und Kontrolle. 3. Auflage, München/Wien.

Brockhoff, K./v. Boehmer, A. (1993, Global R&D): Global R&D Activities of German Industrial Firms. Journal of Scientific & Industrial Research. 52 (Juni): 399-406.

Brockhoff, K./v. Ghyczy, T. G. J./Wilhelm, W. (1988, Drei im Test): Die großen Drei im Test. Manager Magazin. 18 (10): 185-197.

Brockhoff, K./v. Ghyczy, T. G. J./Wilhelm, W. (1988, Triade): Die Triade im Test. Manager Magazin. 18 (11): 218-229.

Brockhoff, K./Wilhelm, W. (1989, Zeitfalle): Die Zeitfalle. Manager Magazin. 19 (1): 84-89.

Bürgel, H. D. (1991, Controlling): Internationales Controlling von Forschung und Entwicklung bei Alcatel. Controlling. 3 (3): 130-135.

Caeldries, F./Moenaert, R. K. (1993, Strategies): International Technology Strategies: The Role of Innovation Uncertainty. Research in Global Strategic Management. 4: 155-179.

Caeldries, F./Moenaert, R. K. (1994, Locational Distribution): Understanding the Locational Distribution of R&D Activities in Transnational Corporations: An Information-Processing Perspective. New York University, Leonard N. Stern School of Business, Working Paper MGMT. 94:7.

Calvori, M./Schips, B. (1991, Schweizerische Unternehmen): Internationalisierung der Forschungs- und Entwicklungsaktivitäten schweizerischer Unternehmen - Empirische Befunde und volkswirtschaftliche Konsequenzen. Chur/Zürich.

Campbell, D. T./Stanley, J. C. (1973, Designs): Experimental and Quasi-Experimental Designs for Research. 10. Auflage, Chicago.

Casson, M./Pearce, R. D./Singh, S. (1991, Business Strategy): Business Strategy and Overseas R&D. In: M. Casson (Hrsg.): Global Research Strategy and International Competitiveness. Oxford, 213-249.

Casson, M./Pearce, R. D./Singh, S. (1991, Trends): A Review of Recent Trends. In: M. Casson (Hrsg.): Global Research Strategy and International Competitiveness. Oxford, 250-271.

Casson, M./Singh, S. (1993, Research and Development Strategies): Corporate Research and Development Strategies: The Influence of Firm, Industry and Country Factors on the Decentralization of R&D. R&D Management. 23 (2): 91-107.

Cheng, J. L. C./Bolon, D. S. (1993, Multinational R&D): The Management of Multinational R&D: A Neglected Topic in International Business Research. Journal of International Business Studies. 24 (1): 1-18.

Chesnais, F. (1988, Diffusion): Multinational Enterprises and the International Diffusion of Technology. In: G. Dosi/C. Freeman/R. Nelson/G. Silverberg/L. Soete (Hrsg.): Technological Change and Economic Theory. London/New York, 496-527.

Cordell, A. J. (1971, Multinational Firm): The Multinational Firm, Foreign Direct Investment, and Canadian Science Policy. Background Study for the Science Council of Canada, Special Study No. 22.

Cordell, A. J. (1973, Science Policy): Innovation, the Multinational Corporation: Some Implications for a National Science Policy. Long Range Planning. 6 (3): 22-29.

Creamer, D. (1976, Overseas Research): Overseas Research and Development by United States Multinationals, 1966-1975: Estimates of Expenditures and A Statistical Profile. New York.

De Meyer, A. (1989, Ford): Ford of Europe - Product Research and Development. In: W. H. Davidson/J. de la Torre (Hrsg.): Managing the Global Corperation - Case Studies in Strategy and Management. New York, 478-488.

De Meyer, A. (1989, Nestlé): Nestlé S.A. In: W. H. Davidson/J. de la Torre (Hrsg.): Managing the Global Corperation - Case Studies in Strategy and Management. New York, 463-477.

De Meyer, A. (1991, Tech Talk): Tech Talk: How Managers are Stimulating Global R&D Communication. Sloan Management Review. 32 (3): 49-58.

De Meyer, A. (1992, R&D Operations): Management of International R&D Operations. In: O. Granstrand/L. Håkanson/S. Sjölander (Hrsg.): Technology Management and International Business, Internationalization of R&D and Technology. Chichester, 163-179.

De Meyer, A. (1993, Learning): Internationalizing R&D Improves a Firm´s Technical Learning. Research-Technology Management. 36 (4): 42-49.

De Meyer, A. (1993, Laboratories): Management of an International Network of Industrial R&D Laboratories. R&D Management. 23 (2): 109-120.

De Meyer, A./Mizushima, A. (1989, Global R&D): Global R&D Management. R&D Management. 19 (2): 135-146.

Deutsche Bundesbank (1982, Monatsberichte): Monatsberichte der Deutschen Bundesbank. Juli 1982, Frankfurt.

Deutsche Bundesbank (1984, Monatsberichte): Monatsberichte der Deutschen Bundesbank. Juli 1984, Frankfurt.

Deutsche Bundesbank (1986, Monatsberichte): Monatsberichte der Deutschen Bundesbank. Mai 1986, Frankfurt.

Deutsche Bundesbank (1988, Monatsberichte): Monatsberichte der Deutschen Bundesbank. Mai 1988, Frankfurt.

Deutsche Bundesbank (1990, Monatsberichte): Monatsberichte der Deutschen Bundesbank. Mai 1990, Frankfurt.

Deutsche Bundesbank (1994, Technologische Dienstleistungen): Technologische Dienstleistungen in der Zahlungsbilanz. Sonderveröffentlichung Mai 1994, Frankfurt.

Dixon, L. M. (1990, Motivation): The Motivation to Go International with Research and Development: An Empirical Study. In: M. W. Lawless/L. R. Gomez-Mejia (Hrsg.): Proceedings of the Conference on Strategic Leadership in High Technology Organizations. University of Colorado at Boulder, 216-218.

Dörrenbächer, C./Wortmann, M. (1991, Internationalisierung): Die Internationalisierung von Forschung und Entwicklung - Stand, Perspektiven, Folgen. FAST e.V. Berlin, FAST-Studien Nr. 15.

Dülfer, E. (1991, Internationales Management): Internationales Management in unterschiedlichen Kulturbereichen. München.

Ernst, A./Hilpert, H.-G. (1990, Direktinvestitionen): Japans Direktinvestitionen in Europa - Europas Direktinvestitionen in Japan (Ifo-Studien zur Japanforschung 4). München.

Ernst, A./Wiesner, G. (1994, Personalmanagement): Japans technische Intelligenz. Personalstrukturen und Personalmanagement in Forschung und Entwicklung (Ifo-Studien zur Japanforschung 7). München.

Fayerweather, J. (1989, Internationale Unternehmung): Internationale(n) Unternehmung, Begriff der. In: K. Macharzina/M. K. Welge (Hrsg.): Handwörterbuch Export und Internationale Unternehmung. Stuttgart, Sp. 926-948.

Fischer, W. A./Behrman, J. N. (1979, Coordination): The Coordination of Foreign R&D Activities by Transnational Corporations. Journal of International Business Studies. 10 (3): 28-35.

Freudenberg, T. (1988, Entwicklungssysteme): Aufbau und Management internationaler Forschungs- und Entwicklungssysteme. Zürich.

Gehrmann, W. (1988, Gen Amerika): Gen Amerika. DIE ZEIT. 18. November 1988: 25.

Gerpott, T. J. (1990, F&E-Management): Globales F&E-Management. Die Unternehmung. 44 (4): 226-246.

Gerpott, T. J./Meier, H. (1990, Sprung): F+E: Der Sprung über nationale Grenzen. Harvard Manager. 12 (2): 59-66.

Ghoshal, S. (1986, Innovative Multinational): The Innovative Multinational: A Differentiated Network of Organizational Roles and Management Processes. Boston, unveröffentlichte Diss., Harvard University.

Ghoshal, S./Bartlett, C. A. (1988, Innovations): Creation, Adoption, and Diffusion of Innovations by Subsidiaries of MNCs. Journal of International Business Studies. 19 (3): 365-388.

Ghoshal, S./Bartlett, C. A. (1988, Innovation Processes): Innovation Processes in Multinational Corporations. In: M. L. Tushman/W. L. Moore (Hrsg.): Readings in the Management of Innovations. 2. Auflage, Cambridge Mass., 499-518.

Ghoshal, S./Nohria, N. (1989, Differentiation): Internal Differentiation within Multinational Corporations. Strategic Managememt Journal. 10 (4): 323-337.

Giddy, I. (1978, Product Cycle Model): The Demise of the Product Cycle Model in International Business Theory. Columbia Journal of World Business. 13 (1): 90-97.

Grace, M. F./Berg, S. V. (1990, Multinational Enterprises): Multinational Enterprises, Tax Policy and R&D Expenses. Southern Economic Journal. 57 (1): 125-138.

Granstrand, O./Fernlund, I. (1978, Coordination): Coordination of Multinational R&D: A Swedish Case Study. R&D Management. 9 (1): 1-7.

Granstrand, O./Håkanson, L./Sjölander, S. (1992, Introduction): Introduction and Overview. In: O. Granstrand/L. Håkanson/S. Sjölander (Hrsg.): Technology Management and International Business, Internationalization of R&D and Technology. Chichester, 1-18.

Granstrand, O./Håkanson, L./Sjölander, S. (1992, Summary): Summary and Implications. In: O. Granstrand/L. Håkanson/S. Sjölander (Hrsg.): Technology Management and International Business, Internationalization of R&D and Technology. Chichester, 233-249.

Håkanson, L. (1981, Organization): Organization and Evolution of Foreign R&D in Swedish Multinationals. Geografiska Annaler. 63 B (l): 47-56.

Håkanson, L. (1983, Subsidiaries in Sweden): R&D in Foreign-Owned Subsidiaries in Sweden. In: W. H. Goldberg (Hrsg.): Governments and Multinationals - The Policy of Control versus Autonomy. Cambridge Mass., 163-176.

Håkanson, L. (1990, Organizational Challenges): International Decentralization of R&D - The Organizational Challenges. In: C. A. Bartlett/Y. Doz/G. Hedlund (Hrsg.): Managing the Global Firm. London/New York, 256-278.

Håkanson, L. (1992, Determinants): Locational Determinants of Foreign R&D in Swedish Multinationals. In: O. Granstrand/L. Håkanson/S. Sjölander (Hrsg.): Technology Management and International Business, Internationalization of R&D and Technology. Chichester, 97-115.

Håkanson, L./Nobel, R. (1993, Determinants): Determinants of Foreign R&D in Swedish Multinationals. Research Policy. 22: 397-411.

Håkanson, L./Nobel, R. (1993, Foreign Research): Foreign Research and Development in Swedish Multinationals. Research Policy. 22: 373-396.

Håkanson, L./Zander, U. (1986, Managing): Managing International Research and Development. Stockholm.

Håkanson, L./Zander, U. (1988, Swedish Experience): International Management of R&D: The Swedish Experience. R&D Management. 18 (3): 217-226.

Hanson, W. T. (1971, Eastman Kodak): Multinational R&D in Practice: Eastman Kodak Corporation. Research Management. 14 (1): 47-50.

Harman, H. H. (1976, Factor Analysis): Modern Factor Analysis. 3. Auflage, Chicago.

Harris, J. M. (1987/1988, Global Management): The Global Management of R&D Resources. Outlook. Nr. 11: 22-30.

Haug, P./Hood, N./Young, S. (1983, R&D Intensity): R&D Intensity in the Affiliates of US Owned Electronics Companies Manufacturing in Scotland. Regional Studies. 17 (6): 383-392.

Haug, P./Pizzi, R. E. (1985, Incentives): The Effect of U.K. Incentives on R&D Activities in U.S.-owned Electronics Companies in Scotland. R&D Management. 15 (3): 197-206.

Hauschildt, J. (1991, Messung): Zur Messung des Innovationserfolgs. Zeitschrift für Betriebswirtschaft. 61: 451-476.

Herbert, E. (1989, Japanese R&D): Japanese R&D in the United States. Research-Technology Management. 32 (6): 11-20.

Hewitt, G. (1980, Research): Research and Development Performed Abroad by U.S. Manufacturing Multinationals. Kyklos. 33 (Fasc. 2): 308-327.

Hewitt, G. (1983, Canada): Research and Development Performed in Canada by American Manufacturing Multinationals. In: A. N. Rugman (Hrsg.): Multinationals and Technology Transfer - The Canadian Experience. New York, 36-49.

Hines, J. R. (1991, Tax Changes): On the Sensitivity of R&D to Delicate Tax Changes: The Behavior of U.S. Multinationals in the 1980s. National Bureau of Economic Research (NBER), Cambridge Mass., Working Paper No. 3930.

v. Hippel, E. (1986, Lead Users): Lead Users: A Source of Novel Product Concepts. Management Science. 32: 791-805.

Hirschey, R. C./Caves, R. E. (1981, Research): Research and Transfer of Technology by Multinational Enterprises. Oxford Bulletin of Economics and Statistics. 43 (2): 115-130.

Hood, N./Young, S. (1982, Multinational R&D): US Multinational R&D. Multinational Business. (2): 10-23.

Hoppenstedt (Hrsg.) (1989, Handbuch 1): Handbuch der Großunternehmen 1989, Band 1. 36. Ausgabe, Darmstadt/Brüssel/ Haarlem/Wien/Zürich.

Hoppenstedt (Hrsg.) (1989, Handbuch 2): Handbuch der Großunternehmen 1989, Band 2. 36. Ausgabe, Darmstadt/Brüssel/ Haarlem/Wien/Zürich.

Hough, E. A. (1972, Communication): Communication of Technical Information Between Overseas Markets and Head Office Laboratories. R&D Management. 3 (1): 1-5.

Howells, J. (1990, Change): The Globalisation of Research and Development: A New Era of Change? Science & Public Policy. 17 (5): 273-285.

Howells, J. (1990, Networks): The Internationalization of R&D and the Development of Global Research Networks. Regional Studies. 24 (6): 495-512.

Huizinga, H. (1992, Tax): The Tax Treatment of R&D Expenditures of Multinational Enterprises. Journal of Public Economics. 47 (3): 343-359.

Jungnickel, R./Krägenau, H./Lefeldt, M./Holthus, M. (1977, Einfluß): Einfluß multinationaler Unternehmen auf Außenwirtschaft und Branchenstruktur der Bundesrepublik Deutschland. Hamburg.

Kaiser, H. F. (1974, Index): An Index of Factorial Simplicity. Psychometrika. 39 (1): 31-36.

Krogh, L. C. (1990, Experience): 3M's International Experience. In: T. M. Khalil/B. A. Bayraktar (Hrsg.): Management of Technology II, Proceedings of the Second International Conference on Management of Technology. Norcross Georgia, xxxiii - xxxix.

Krubasik, E. G./Schrader, J. (1989, Entwicklungsstrategien): Forschungs- und Entwick-lungsstrategien. In: K. Macharzina/M. K. Welge (Hrsg.): Handwörterbuch Export und Internationale Unternehmung, Enzyklopädie der Betriebswirt-schaftslehre, Bd. 12. Stuttgart, Sp. 687-698.

Lall, S. (1979, Allocation): The International Allocation of Research Activity by US Multi-nationals. Oxford Bulletin of Economics and Statistics. 41 (4): 313-331.

Lange, V. (1994, Konkurrenzanalyse): Technologische Konkurrenzanalyse: zur Früherken-nung von Wettbewerberinnovationen bei deutschen Großunternehmen. Wies-baden.

Leyden, D. P./Link, A. L. (1993, Policies): Tax Policies Affecting R&D: An International Comparison. Technovation. 13 (1): 17-25.

Malecki, E. J. (1980, Location): Dimensions of R&D Location in the United States. Research Policy. 9: 2-22.

Malecki, E. J. (1987, Creative Regions): The R&D Location Decision of the Firm and "Creative" Regions - a Survey. Technovation. 6: 205-222.

Mansfield, E./Romeo, A. (1984, Transfers): "Reverse" Transfers of Technology from Overseas Subsidiaries to American Firms. IEEE Transactions on Engineering Management. EM-31 (3): 122-127.

Mansfield, E./Teece, D./Romeo, A. (1979, Overseas Research): Overseas Research and Development by U.S.-Based Firms. Economica. 46 (181-184): 187-196.

Maringer, A. (1990, Japan): Ist Forschung und Entwicklung in Japan billiger? Die Betriebswirtschaft. 6 (50): 789-800.

Meyer-Stamer, J. (1991, Elektronikindustrie): Kompetenter Staat, wettbewerbsfähige Unternehmen: Die Schaffung dynamischer komparativer Vorteile in der ostasiatischen Elektronikindustrie. NORD-SÜD aktuell. 5 (4): 567-577.

Miller, R. (1994, Automobile Industry): Global R&D Networks and Large-scale Innovations: The Case of the Automobile Industry. Research Policy. 23: 27-46.

Mitchell, L. H. (1989, Investigation): An Investigation of the Factors Influencing International Research and Product Development Activities of U.S. Based High-Technology Companies. Kent Ohio, unveröffentlichte Diss., Kent State University.

o. V. (1987, Directory American Research): Directory of American Research and Technology 1988. 22. Auflage, New York/London.

o. V. (1988, R&D Scoreboard): R&D Scoreboard. Business Week. 20. Juni: 139-162.

o. V. (1989, R&D Scoreboard): R&D Scoreboard. Business Week (Special Issue: Innovation in America). 16. Juni: 180-232.

o. V. (1990, Largest Companies): UK's 10,000 Largest Companies 1990. London.

OECD (1982, Frascati-Handbuch): Die Messung wissenschaftlicher und technischer Tätigkeiten. Allgemeine Richtlinien für statistische Übersichten in Forschung und experimenteller Entwicklung. Frascati-Handbuch 1980 (Übersetzung herausgegeben vom Bundesministerium für Forschung und Technologie). Bonn.

Oesterheld, W./Wortmann, M. (1988, Internationalisierung): Die Internationalisierung von Forschung und Entwicklung durch bundesdeutsche multinationale Unternehmen. FAST e.V. Berlin, FAST-Studie Nr. 6.

Papanastassiou, M./Pearce, R. (1994, Japanese Enterprises): The Internationalisation of Research and Development by Japanese Enterprises. R&D Management. 24 (2): 155-165.

Papo, M. (1971, Multinational Labs): How to Establish and Operate Multinational Labs. Research Management. 14 (1): 12-19.

Pausenberger, E. (1982, Internationale Unternehmung I): Die internationale Unternehmung: Begriff, Bedeutung und Entstehungsgründe. Das Wirtschaftsstudium. 11 (3): 118-123.

Pausenberger, E. (1982, Internationale Unternehmung II): Die internationale Unternehmung: Begriff, Bedeutung und Entstehungsgründe (Zweiter Teil) (I). Das Wirtschaftsstudium. 11 (7): 332-337.

Pausenberger, E. (1982, Internationale Unternehmung III): Die internationale Unternehmung: Begriff, Bedeutung und Entstehungsgründe (Zweiter Teil) (II). Das Wirtschaftsstudium. 11 (8): 385-387.

Pausenberger, E. (1982, Technologiepolitik): Technologiepolitik internationaler Unternehmen. Zeitschrift für betriebswirtschaftliche Forschung. 34 (12): 1025-1054.

Pearce, R. D. (1989, Internationalisation): The Internationalisation of Research and Development by Multinational Enterprises. New York.

Pearce, R. D./Singh, S. (1991, Overseas Laboratory): The Overseas Laboratory. In: M. Casson (Hrsg.): Global Research Strategy and International Competitiveness. Oxford, 183 -212.

Pearce, R. D./Singh, S. (1992, Globalizing Research): Globalizing Research and Development. London.

Pearson, A. W./Brockhoff, K./v. Boehmer, A. (1993, Decision Parameters): Decision Parameters in Global R&D Management. R&D Management. 23 (3): 249-262.

Perlitz, M. (1993, Internationales Management): Internationales Management. Stuttgart.

Perrino, A. C./Tipping, J. W. (1989, Global Management): Global Management of Technology. Research-Technology Management. 32 (3): 12-19.

Porter, M. E. (1986, Competition): Competition in Global Industries: A Conceptual Framework. In: M. E. Porter (Hrsg.): Competition in Global Industries. Boston, 15-60.

Ronstadt, R. C. (1977, Research): Research and Development Abroad by U.S. Multinationals. New York/London.

Ronstadt, R. C. (1978, International R&D): International R&D: The Establishment and Evolution of Research and Development Abroad by Seven U.S. Multinationals. Journal of International Business Studies. 9 (1): 7-24.

Ronstadt, R. C./Kramer, R. J. (1982, Innovation Abroad): Getting the Most out of Innovation Abroad. Harvard Business Review. 60 (2): 94-99.

Ronstadt, R. C./Kramer, R. J. (1983, Internationalizing Innovation): Internationalizing Industrial Innovation. Journal of Business Strategy. 3 (3): 3-15.

Schmidt, R. (1981, Messung): Zur Messung des Internationalisierungsgrades von Unternehmen. In: W. H. Wacker/H. Haussmann/B. Kumar (Hrsg.): Internationale Unternehmensführung. Berlin, 57-70.

Schmidt, R. (1989, Internationalisierungsgrad): Internationalisierungsgrad. In: K. Macharzina/M. K. Welge (Hrsg.): Handwörterbuch Export und Internationale Unternehmung. Stuttgart, Sp. 964-973.

Serapio, M. G., Jr. (1993, Japanese Investments): Macro-Micro Analyses of Japanese Direct Investments in the U.S. Automotive and Electronics Industries. Management International Review. 33 (2): 209-225.

Starr, L. (1992, International Company): R&D in an International Company. Research-Technology Management. 35 (1): 29-32.

Stehn, J. (1992, Direktinvestitionen): Ausländische Direktinvestitionen in Industrieländern: Theoretische Erklärungsansätze und empirische Evidenz. Tübingen.

Stoll, P.-T. (1994, Technologietransfer): Technologietransfer: Internationalisierungs- und Nationalisierungstendenzen. Die Gestaltung zwischenstaatlicher Wirtschaftsbeziehungen, privater Verfügungsrechte und Transaktionen durch die Vereinten Nationen, die UNCTAD, die WIPO und die Uruguay-Runde des GATT. Berlin/Heidelberg/New York.

Stopford, J. M. (1983, Directory): World Directory of Multinational Enterprises. Detroit.

Süverkrüp, C. (1992, Unternehmensakquisitionen): Internationaler technologischer Wissenstransfer durch Unternehmensakquisitionen. Eine empirische Untersuchung deutsch-amerikanischer und amerikanisch-deutscher Akquisitionen. Frankfurt.

Taggart, J. H. (1991, Determinants): Determinants of the Foreign R&D Locational Decision in the Pharmaceutical Industry. R&D Management. 21 (3): 229-238.

Teichert, T. A. (1994, Erfolgspotential): Erfolgspotential internationaler F&E-Kooperationen. Wiesbaden.

Terpstra, V. (1977, Product Policy): International Product Policy: The Role of Foreign R&D. Columbia Journal of World Business. 12 (4): 24-32.

Thomas, M. J. (1975, Location): The Location of Research and Development in the International Corporation. Management International Review. 15 (1): 35-42.

van Rumker, R. (1971, Chemagro): Multinational R&D in Practice: Chemagro Corporation. Research Management. 14 (1): 50-54.

Vernon, R. (1966, Investment): International Investment and International Trade in the Product Cycle. Quarterly Journal of Economics. 80 (1): 190-207.

Vernon, R. (1979, Product Cycle): The Product Cycle Hypothesis in a New International Environment. Oxford Bulletin of Economics and Statistics. 41 (4): 255-267.

Volkmann, B. (1982, Technologieübertragung): Technologieübertragung in internationalen Unternehmungen. Gießen.

Westney, D. E. (1990, Internal and External Linkages): Internal and External Linkages in the MNC: The Case of R&D Subsidiaries in Japan. In: C. A. Bartlett/Y. Doz/G. Hedlund (Hrsg.): Managing the Global Firm. London/New York, 279-300.

Westney, D. E. (1991, R&D Organization): Country Patterns in R&D Organization: The United States and Japan. The MIT-Japan Program: Science, Technology, Management. Cambridge Mass., Working Paper MITJP 91-06.

Westney, D. E. (1991, Globalization of Technology): The Globalization of Technology and Internationalization of R&D. The MIT-Japan Program: Science, Technology, Management. Cambridge Mass, Working Paper MITJP 91-05.

Westney, D. E. (1993, Japanese Firms): Cross-Pacific Internationalization of R&D by Japanese Firms. R&D Management. 23 (2): 171-181.

Wortmann, M. (1990, German Companies): Multinationals and the Internationalization of R&D: New Developments in German Companies. Research Policy. 19: 175-183.

Zaininger, K. H. (1990, Global Management): Aspects of Global Management of R&D Resources. In: T. M. Khalil/B. A. Bayraktar (Hrsg.): Management of Technology II, Proceedings of the Second International Conference on Management of Technology. Norcross Georgia, 269-279.

Zejan, M. C. (1990, R&D Activities): R&D Activities in Affiliates of Swedish Multinational Enterprises. Scandinavian Journal of Economics. 92 (3): 487-500.

Anhang

Anhang 1: Fragebogen

INTERNATIONAL STUDY ON RESEARCH
AND DEVELOPMENT ABROAD

Christian - Albrechts - Universität zu Kiel
**Institut für Betriebswirtschaftslehre
Lehrstuhl für Technologie- und
Innovationsmanagement
Kiel / Federal Republic of Germany**

Massachusetts Institute of Technology
**Sloan School of Management
International Center for Research on the
Management of Technology
Cambridge, Mass. / USA**

Fall 1989

Objectives of Study

Attached you will find a questionnaire that is part of a comparative study on U.S. and European multinational corporations being jointly conducted at the MIT Sloan School of Management, Cambridge, Massachusetts, USA, and the University of Kiel, West Germany. The primary objective of the study is to develop a practical understanding of the research and development activities that multinational corporations undertake abroad. The questions are aimed at investigating what kind of R&D is located abroad and at examining why this kind of R&D is performed in the foreign location. In addition, the study proposes to distinguish between the various roles of foreign R&D facilities.

The term "R&D facility" encompasses organizational units with basic and applied research and development activities as well as advanced engineering groups. This study looks only at those foreign R&D facilities that are wholly owned subsidiaries. R&D Joint ventures are outside the scope of this study.

Completing this instrument should take about 50-60 minutes of your time. We would appreciate the return of the completed questionnaire, in the enclosed addressed envelope, before January 31, 1990.

As a result of the survey different roles of foreign R&D facilities will be identified. The motivation for the existence of these facilities as well as their performance will also be analysed. With this information at hand, a useful planning guide for R&D managers may be developed.

Are you interested in a copy of the results of the study ?   ☐ yes
☐ no

If yes, please record your name, title, address, phone number and fax number in the spaces provided;

Name: _____

Title: _____

Address: _____

_____

_____

Phone number: _____

Fax number: _____

Please contact Alexander von Boehmer should you have any questions about this survey:

Phone number: from the United States : 011 - 49 - 431 - 880 1535
from Great Britain   : 010 - 49 - 431 - 880 1535
within West Germany : 0431 - 880 1535

Fax number: from the United States : 011 - 49 - 431 - 880 3349
from Great Britain   : 010 - 49 - 431 - 880 3349
within West Germany : 0431 - 880 3349

Pledge of Confidentiality

Information shall not be presented in any way that would identify any individual, R&D facility or company.

Since the purpose of the study is to better understand the differences in the roles of a company's foreign R&D subsidiaries, we would like you to provide comparative information on R&D facilities that your company operates in countries <u>different</u> from the country in which your company is headquartered.

The headquarters of your company are located in: _____ (country).

Throughout the rest of this questionnaire

> o <u>home country</u> refers to the country in which your headquarters are located and

> o <u>foreign</u> refers to the country in which the R&D facility is located.

At the outset, we would like you to pick <u>one</u> R&D facility that you are most familiar with in each of the geographic regions listed below.

> Region A: Canada, USA
> Region B: France, Italy, West Germany, Britain
> Region C: Switzerland, Belgium, Netherlands, Scandinavia, Spain
> Region D: Japan
> Region E: Korea, Taiwan, Singapore, India, Brazil, Mexico
> Region F: Rest of World

If your company does not have a facility in a specific region, you may substitute a facility from any of the other regions that you know best. This will result in choosing two or more facilities from one region.

If your company has fewer than six R&D facilities abroad or if you are familiar with less than this number please do respond for as many facilities as you can.

Your choice of R&D facilities:

	City	Country	When established	Major industry / business the foreign R&D facility supports
Facility A:	_____	_____	19 ___	_____
Facility B:	_____	_____	19 ___	_____
Facility C:	_____	_____	19 ___	_____
Facility D:	_____	_____	19 ___	_____
Facility E:	_____	_____	19 ___	_____
Facility F:	_____	_____	19 ___	_____

Since we will be referring to these facilities repeatedly throughout this questionnaire as "A, B, C, D, E and F" you may like to, at this stage, quickly make a note of your choice of facilities on the fold out part of the last page. We recommend that you keep the last page folded out.

Please respond to all the following questions as they pertain to the support for the major industry or business mentioned above.

1. **Was the foreign R&D facility acquired or built from scratch by the company ?** (*please check appropriate box for each facility*)

	R&D Facility	A	B	C	D	E	F
a. acquired		☐	☐	☐	☐	☐	☐
b. acquired, expansion(s) made since acquisition		☐	☐	☐	☐	☐	☐
c. built from scratch, expanded by acquisition		☐	☐	☐	☐	☐	☐
d. built from scratch		☐	☐	☐	☐	☐	☐

2. **If acquired, was the acquisition made**

	A	B	C	D	E	F
a. primarily for technological reasons	☐	☐	☐	☐	☐	☐
b. primarily for non-technological reasons	☐	☐	☐	☐	☐	☐

3. **Below you find a commonly used definition of the various types of R&D activity. Please estimate as closely as possible what proportion of the total R&D expenditures of each facility is spent on:**

R&D Facility	A	B	C	D	E	F
Basic Research	___%	___%	___%	___%	___%	___%
Applied Research	___%	___%	___%	___%	___%	___%
Development and Engineering	___%	___%	___%	___%	___%	___%
Monitoring of technology, competitors, suppliers, users	___%	___%	___%	___%	___%	___%
Identification and selection of potential acquisitions	___%	___%	___%	___%	___%	___%
Other (please specify) _____	___%	___%	___%	___%	___%	___%
Total	100 %	100 %	100 %	100 %	100 %	100 %

The OECD suggests the following definitions:

Basic Research: Experimental or theoretical work untertaken primarily to acquire new knowledge of the underlying foundations of phenomena and observable facts without any particular application or use in view

Applied Research: Original investigation undertaken in order to acquire new knowledge directed primarily towards a specific practical area or objective

Experimental Development (Development and Engineering): Systematic work drawing on existing knowledge gained from research or practical experience directed towards producing new materials, products and devices, to installing new processes, systems and services and towards substantially improving those already produced and installed. This includes prototypes and pilot plant as long as the principal aim of the work is still essentially experimental.

4. **Once the foreign R&D facility has achieved some results (e.g. a blueprint for a new product or suggestions for a process improvement), who is the major recipient of these results ?** (*please check all appropriate boxes*)

R&D Facility	A	B	C	D	E	F
Local manufacturing/sales	☐	☐	☐	☐	☐	☐
Other manufacturing/sales of corp.	☐	☐	☐	☐	☐	☐
Headquarter R&D	☐	☐	☐	☐	☐	☐
Other R&D facilities of company	☐	☐	☐	☐	☐	☐
Customers	☐	☐	☐	☐	☐	☐
Suppliers	☐	☐	☐	☐	☐	☐
Competitors	☐	☐	☐	☐	☐	☐
Other (please specify) _____	☐	☐	☐	☐	☐	☐

5. **To what extent does the foreign R&D facility carry out work together with other R&D facilities of the company ?** *(please circle the appropriate number for each facility)*

	not at all		to some extent		to a large extent
Facility A	1	2	3	4	5
Facility B	1	2	3	4	5
Facility C	1	2	3	4	5
Facility D	1	2	3	4	5
Facility E	1	2	3	4	5
Facility F	1	2	3	4	5

6. **To what extent does the foreign R&D facility conduct product, process and application R&D ?** *(please circle the appropriate number for each facility)*

		not at all		to some extent		exclusively
Product R&D	Facility A	1	2	3	4	5
	Facility B	1	2	3	4	5
	Facility C	1	2	3	4	5
	Facility D	1	2	3	4	5
	Facility E	1	2	3	4	5
	Facility F	1	2	3	4	5
Process R&D	Facility A	1	2	3	4	5
	Facility B	1	2	3	4	5
	Facility C	1	2	3	4	5
	Facility D	1	2	3	4	5
	Facility E	1	2	3	4	5
	Facility F	1	2	3	4	5
Application R&D	Facility A	1	2	3	4	5
	Facility B	1	2	3	4	5
	Facility C	1	2	3	4	5
	Facility D	1	2	3	4	5
	Facility E	1	2	3	4	5
	Facility F	1	2	3	4	5

7. **To what extent are the projects of the foreign R&D facility aimed at the local, regional or global market ?**

		not at all		to some extent		exclusively
Local Market	Facility A	1	2	3	4	5
	Facility B	1	2	3	4	5
	Facility C	1	2	3	4	5
	Facility D	1	2	3	4	5
	Facility E	1	2	3	4	5
	Facility F	1	2	3	4	5
Regional Market	Facility A	1	2	3	4	5
	Facility B	1	2	3	4	5
	Facility C	1	2	3	4	5
	Facility D	1	2	3	4	5
	Facility E	1	2	3	4	5
	Facility F	1	2	3	4	5
Global Market	Facility A	1	2	3	4	5
	Facility B	1	2	3	4	5
	Facility C	1	2	3	4	5
	Facility D	1	2	3	4	5
	Facility E	1	2	3	4	5
	Facility F	1	2	3	4	5

8. The charts below show the foreign R&D facilities and a number of organizational units internal and external to the company.

   a) Please draw lines between the R&D facility and each unit the R&D facility is in contact with. If the R&D facility has <u>no</u> contact, please do <u>not</u> draw a line.

   b) Please weigh the importance of each linkage by placing a number from 1 to 5 (1= not at all important, 5 = extremely important) next to each line. If contacts are of equal importance use the same number.

Host Government or other Institutions (e.g. European Community)	Headquarters R&D	Other R&D Facilities of the Company
Professional Organizations		Local Manufacturing/Sales
National Research Programs	**R&D Facility A**	Other Manufacturing/Sales of the Company
Original Equipment Manufacturers		Lead User (Innovative Customer)
Other Companies	Customers Suppliers Competitors	Universities

Host Government or other Institutions (e.g. European Community)	Headquarters R&D	Other R&D Facilities of the Company
Professional Organizations		Local Manufacturing/Sales
National Research Programs	**R&D Facility B**	Other Manufacturing/Sales of the Company
Original Equipment Manufacturers		Lead User (Innovative Customer)
Other Companies	Customers Suppliers Competitors	Universities

Host Government or other Institutions (e.g. European Community)	Headquarters R&D	Other R&D Facilities of the Company
Professional Organizations		Local Manufacturing/Sales
National Research Programs	**R&D Facility C**	Other Manufacturing/Sales of the Company
Original Equipment Manufacturers		Lead User (Innovative Customer)
Other Companies	Customers Suppliers Competitors	Universities

Host Government or other Institutions   Headquarters R&D   Other R&D Facilities
   (e.g. European Community)   of the Company

Professional Organizations   Local Manufacturing/Sales

National Research   **R&D**   Other Manufacturing/Sales
   Programs   **Facility**   of the Company
                              D

Original Equipment   Lead User (Innovative
   Manufacturers   Customer)

   Other Companies   Universities
            Customers   Suppliers   Competitors

Host Government or other Institutions   Headquarters R&D   Other R&D Facilities
   (e.g. European Community)   of the Company

Professional Organizations   Local Manufacturing/Sales

National Research   **R&D**   Other Manufacturing/Sales
   Programs   **Facility**   of the Company
                              E

Original Equipment   Lead User (Innovative
   Manufacturers   Customer)

   Other Companies   Universities
            Customers   Suppliers   Competitors

Host Government or other Institutions   Headquarters R&D   Other R&D Facilities
   (e.g. European Community)   of the Company

Professional Organizations   Local Manufacturing/Sales

National Research   **R&D**   Other Manufacturing/Sales
   Programs   **Facility**   of the Company
                              F

Original Equipment   Lead User (Innovative
   Manufacturers   Customer)

   Other Companies   Universities
            Customers   Suppliers   Competitors

The following section seeks information concerning your reasons for conducting R&D in a specific foreign facility.

For the <u>present</u> operations of each foreign R&D facility, how important are the following factors ?

		not at all important		somewhat important		very important
9. Availability of researchers	Facility A	1	2	3	4	5
	Facility B	1	2	3	4	5
	Facility C	1	2	3	4	5
	Facility D	1	2	3	4	5
	Facility E	1	2	3	4	5
	Facility F	1	2	3	4	5
10. Qualification and skills of available researchers	Facility A	1	2	3	4	5
	Facility B	1	2	3	4	5
	Facility C	1	2	3	4	5
	Facility D	1	2	3	4	5
	Facility E	1	2	3	4	5
	Facility F	1	2	3	4	5
11. Potential and ease in establishing industry-university linkages / collaboration	Facility A	1	2	3	4	5
	Facility B	1	2	3	4	5
	Facility C	1	2	3	4	5
	Facility D	1	2	3	4	5
	Facility E	1	2	3	4	5
	Facility F	1	2	3	4	5
12. Proximity to sources of technology (e.g. universities, national research labs, other firms)	Facility A	1	2	3	4	5
	Facility B	1	2	3	4	5
	Facility C	1	2	3	4	5
	Facility D	1	2	3	4	5
	Facility E	1	2	3	4	5
	Facility F	1	2	3	4	5
13. Technological dynamism in foreign country	Facility A	1	2	3	4	5
	Facility B	1	2	3	4	5
	Facility C	1	2	3	4	5
	Facility D	1	2	3	4	5
	Facility E	1	2	3	4	5
	Facility F	1	2	3	4	5
14. Ability to monitor technology development in foreign country	Facility A	1	2	3	4	5
	Facility B	1	2	3	4	5
	Facility C	1	2	3	4	5
	Facility D	1	2	3	4	5
	Facility E	1	2	3	4	5
	Facility F	1	2	3	4	5
15. Monetary or tax incentives from the foreign government (e.g. research funding, tax benefits)	Facility A	1	2	3	4	5
	Facility B	1	2	3	4	5
	Facility C	1	2	3	4	5
	Facility D	1	2	3	4	5
	Facility E	1	2	3	4	5
	Facility F	1	2	3	4	5
16. Capital transfer restrictions in the foreign country (utilizing blocked funds)	Facility A	1	2	3	4	5
	Facility B	1	2	3	4	5
	Facility C	1	2	3	4	5
	Facility D	1	2	3	4	5
	Facility E	1	2	3	4	5
	Facility F	1	2	3	4	5

For the <u>present</u> operations of each foreign R&D facility, how important are the following factors ?

		not at all important		somewhat important		very important
17. Need to comply with direct and/or indirect requirements of the foreign government	Facility A	1	2	3	4	5
	Facility B	1	2	3	4	5
	Facility C	1	2	3	4	5
	Facility D	1	2	3	4	5
	Facility E	1	2	3	4	5
	Facility F	1	2	3	4	5
18. Protection granted by the foreign patent law	Facility A	1	2	3	4	5
	Facility B	1	2	3	4	5
	Facility C	1	2	3	4	5
	Facility D	1	2	3	4	5
	Facility E	1	2	3	4	5
	Facility F	1	2	3	4	5
19. Potential to transfer technology out of foreign country	Facility A	1	2	3	4	5
	Facility B	1	2	3	4	5
	Facility C	1	2	3	4	5
	Facility D	1	2	3	4	5
	Facility E	1	2	3	4	5
	Facility F	1	2	3	4	5
20. More favorable public opinion on a relevant technology as compared to your home country (e.g. pressure from environmental groups)	Facility A	1	2	3	4	5
	Facility B	1	2	3	4	5
	Facility C	1	2	3	4	5
	Facility D	1	2	3	4	5
	Facility E	1	2	3	4	5
	Facility F	1	2	3	4	5
21. Low cost of research labor in the foreign country as compared to your home country	Facility A	1	2	3	4	5
	Facility B	1	2	3	4	5
	Facility C	1	2	3	4	5
	Facility D	1	2	3	4	5
	Facility E	1	2	3	4	5
	Facility F	1	2	3	4	5
22. Low cost of lab equipment and material in the foreign country as compared to your home country	Facility A	1	2	3	4	5
	Facility B	1	2	3	4	5
	Facility C	1	2	3	4	5
	Facility D	1	2	3	4	5
	Facility E	1	2	3	4	5
	Facility F	1	2	3	4	5
23. High contribution of your operations in the foreign country to the company's overall sales/profitability	Facility A	1	2	3	4	5
	Facility B	1	2	3	4	5
	Facility C	1	2	3	4	5
	Facility D	1	2	3	4	5
	Facility E	1	2	3	4	5
	Facility F	1	2	3	4	5
24. Current large market size of the industry in the foreign country	Facility A	1	2	3	4	5
	Facility B	1	2	3	4	5
	Facility C	1	2	3	4	5
	Facility D	1	2	3	4	5
	Facility E	1	2	3	4	5
	Facility F	1	2	3	4	5
25. High sales volume of your firm's existing marketing/sales operations in the foreign country	Facility A	1	2	3	4	5
	Facility B	1	2	3	4	5
	Facility C	1	2	3	4	5
	Facility D	1	2	3	4	5
	Facility E	1	2	3	4	5
	Facility F	1	2	3	4	5

For the <u>present</u> operations of each foreign R&D facility, how important are the following factors ?

			not at all important		somewhat important		very important
26.	Your market share in the foreign country's market	Facility A	1	2	3	4	5
		Facility B	1	2	3	4	5
		Facility C	1	2	3	4	5
		Facility D	1	2	3	4	5
		Facility E	1	2	3	4	5
		Facility F	1	2	3	4	5
27.	High future market growth rate in your industry in the foreign country	Facility A	1	2	3	4	5
		Facility B	1	2	3	4	5
		Facility C	1	2	3	4	5
		Facility D	1	2	3	4	5
		Facility E	1	2	3	4	5
		Facility F	1	2	3	4	5
28.	Location of your firm's existing manufacturing operations in the foreign country	Facility A	1	2	3	4	5
		Facility B	1	2	3	4	5
		Facility C	1	2	3	4	5
		Facility D	1	2	3	4	5
		Facility E	1	2	3	4	5
		Facility F	1	2	3	4	5
29.	Presence of major competitors in the foreign country	Facility A	1	2	3	4	5
		Facility B	1	2	3	4	5
		Facility C	1	2	3	4	5
		Facility D	1	2	3	4	5
		Facility E	1	2	3	4	5
		Facility F	1	2	3	4	5
30.	High level of competition in your industrial sector in the foreign country	Facility A	1	2	3	4	5
		Facility B	1	2	3	4	5
		Facility C	1	2	3	4	5
		Facility D	1	2	3	4	5
		Facility E	1	2	3	4	5
		Facility F	1	2	3	4	5
31.	Responding strategically to a company of the foreign country that had established a facility in your home country	Facility A	1	2	3	4	5
		Facility B	1	2	3	4	5
		Facility C	1	2	3	4	5
		Facility D	1	2	3	4	5
		Facility E	1	2	3	4	5
		Facility F	1	2	3	4	5
32.	Monitoring and keeping track of competitor actions	Facility A	1	2	3	4	5
		Facility B	1	2	3	4	5
		Facility C	1	2	3	4	5
		Facility D	1	2	3	4	5
		Facility E	1	2	3	4	5
		Facility F	1	2	3	4	5
33.	Potential for cooperative agreements between firms	Facility A	1	2	3	4	5
		Facility B	1	2	3	4	5
		Facility C	1	2	3	4	5
		Facility D	1	2	3	4	5
		Facility E	1	2	3	4	5
		Facility F	1	2	3	4	5
34.	Large number of other companies of your home country operating in the foreign country (even if these companies are in industries different from yours)	Facility A	1	2	3	4	5
		Facility B	1	2	3	4	5
		Facility C	1	2	3	4	5
		Facility D	1	2	3	4	5
		Facility E	1	2	3	4	5
		Facility F	1	2	3	4	5

For the __present__ operations of each foreign R&D facility, how important are the following factors ?

		not at all important		somewhat important		very important
35. Desire for proximity to customers	Facility A	1	2	3	4	5
	Facility B	1	2	3	4	5
	Facility C	1	2	3	4	5
	Facility D	1	2	3	4	5
	Facility E	1	2	3	4	5
	Facility F	1	2	3	4	5
36. Country specific performance requirements (e.g. type of soil determines the fertilizer)	Facility A	1	2	3	4	5
	Facility B	1	2	3	4	5
	Facility C	1	2	3	4	5
	Facility D	1	2	3	4	5
	Facility E	1	2	3	4	5
	Facility F	1	2	3	4	5
37. Differences between the foreign country's market and your home market	Facility A	1	2	3	4	5
	Facility B	1	2	3	4	5
	Facility C	1	2	3	4	5
	Facility D	1	2	3	4	5
	Facility E	1	2	3	4	5
	Facility F	1	2	3	4	5
38. Availability of financial resources to expand abroad	Facility A	1	2	3	4	5
	Facility B	1	2	3	4	5
	Facility C	1	2	3	4	5
	Facility D	1	2	3	4	5
	Facility E	1	2	3	4	5
	Facility F	1	2	3	4	5
39. Desire for proximity to lead users (those who are innovative customers)	Facility A	1	2	3	4	5
	Facility B	1	2	3	4	5
	Facility C	1	2	3	4	5
	Facility D	1	2	3	4	5
	Facility E	1	2	3	4	5
	Facility F	1	2	3	4	5
40. Desire for proximity to suppliers	Facility A	1	2	3	4	5
	Facility B	1	2	3	4	5
	Facility C	1	2	3	4	5
	Facility D	1	2	3	4	5
	Facility E	1	2	3	4	5
	Facility F	1	2	3	4	5
41. Low benefits from further scaling up the home country R&D facility	Facility A	1	2	3	4	5
	Facility B	1	2	3	4	5
	Facility C	1	2	3	4	5
	Facility D	1	2	3	4	5
	Facility E	1	2	3	4	5
	Facility F	1	2	3	4	5
42. Interest of researchers of parent company to work abroad	Facility A	1	2	3	4	5
	Facility B	1	2	3	4	5
	Facility C	1	2	3	4	5
	Facility D	1	2	3	4	5
	Facility E	1	2	3	4	5
	Facility F	1	2	3	4	5
43. Unwillingness of researchers in the foreign country to move abroad	Facility A	1	2	3	4	5
	Facility B	1	2	3	4	5
	Facility C	1	2	3	4	5
	Facility D	1	2	3	4	5
	Facility E	1	2	3	4	5
	Facility F	1	2	3	4	5

For the <u>present</u> operations of each foreign R&D facility, how important are the following factors ?

		not at all important		somewhat important		very important
44. Getting multiple national perspectives on R&D	Facility A	1	2	3	4	5
	Facility B	1	2	3	4	5
	Facility C	1	2	3	4	5
	Facility D	1	2	3	4	5
	Facility E	1	2	3	4	5
	Facility F	1	2	3	4	5
45. Strength of your company as a whole in developing and transferring technology	Facility A	1	2	3	4	5
	Facility B	1	2	3	4	5
	Facility C	1	2	3	4	5
	Facility D	1	2	3	4	5
	Facility E	1	2	3	4	5
	Facility F	1	2	3	4	5
46. Capability of company to manage its global network	Facility A	1	2	3	4	5
	Facility B	1	2	3	4	5
	Facility C	1	2	3	4	5
	Facility D	1	2	3	4	5
	Facility E	1	2	3	4	5
	Facility F	1	2	3	4	5
47. Economies of scale at foreign R&D facility	Facility A	1	2	3	4	5
	Facility B	1	2	3	4	5
	Facility C	1	2	3	4	5
	Facility D	1	2	3	4	5
	Facility E	1	2	3	4	5
	Facility F	1	2	3	4	5
48. Degree of foreign subsidiary managers' initiative	Facility A	1	2	3	4	5
	Facility B	1	2	3	4	5
	Facility C	1	2	3	4	5
	Facility D	1	2	3	4	5
	Facility E	1	2	3	4	5
	Facility F	1	2	3	4	5
49. General management capabilities of foreign subsidiary	Facility A	1	2	3	4	5
	Facility B	1	2	3	4	5
	Facility C	1	2	3	4	5
	Facility D	1	2	3	4	5
	Facility E	1	2	3	4	5
	Facility F	1	2	3	4	5
50. Technological sophistication of foreign subsidiary	Facility A	1	2	3	4	5
	Facility B	1	2	3	4	5
	Facility C	1	2	3	4	5
	Facility D	1	2	3	4	5
	Facility E	1	2	3	4	5
	Facility F	1	2	3	4	5

51. Can you think of any other factors that are important to you for having an R&D facility in each foreign location ? *(please list them in order of importance)*

a) _____

b) _____

c) _____

The following section seeks information on the performance of your foreign R&D facilities.

52. To what extent did the results, which the foreign R&D facility achieved in the last three years, meet the expectations ?

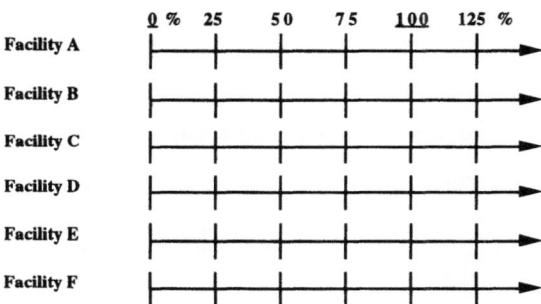

53. What share of total spending of the foreign R&D facility would you expect to find is being wasted ?

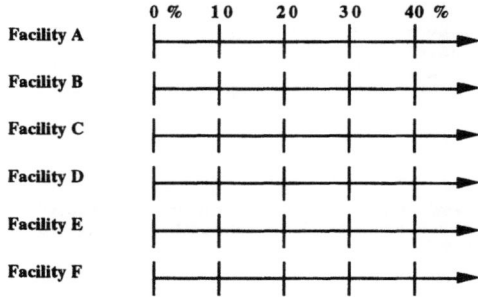

54. If you had no constraints, to what extent would you want to change the nature of operations of your R&D facility in each location ?

	not at all		to some extent		to a large extent	disband it completely
Facility A	1	2	3	4	5	☐
Facility B	1	2	3	4	5	☐
Facility C	1	2	3	4	5	☐
Facility D	1	2	3	4	5	☐
Facility E	1	2	3	4	5	☐
Facility F	1	2	3	4	5	☐

GENERAL INFORMATION

a. **Your name:** _____

b. **Your job title:** _____

c. **Name of company:** _____

d. **What was the R&D budget for the foreign R&D facility in millions $ in 1988 ?**

R&D Facility	A	B	C	D	E	F
$ 0 - 2 million	❏	❏	❏	❏	❏	❏
$ 2 - 5 million	❏	❏	❏	❏	❏	❏
$ 5 - 20 million	❏	❏	❏	❏	❏	❏
$ 20 million and more	❏	❏	❏	❏	❏	❏

e. **How many scientists, engineers and other R&D personnel were employed in the foreign R&D facility in 1988 ?**

R&D Facility	A	B	C	D	E	F
1 - 20 employees	❏	❏	❏	❏	❏	❏
20 - 50 employees	❏	❏	❏	❏	❏	❏
50 - 200 employees	❏	❏	❏	❏	❏	❏
200 and more	❏	❏	❏	❏	❏	❏

f. **What was the company's worldwide and home country R&D budget in $ in 1988 and how many scientists, engineers and other R&D personnel were employed worldwide and in home country in 1988 ?**

worldwide : _____million $ _____employees

home country: _____million $ _____employees

THANK YOU VERY MUCH FOR YOUR CO-OPERATION

(im Original-Fragebogen befand sich der nachfolgende Text
auf dem herausklappbaren Rückenteil der letzten Seite; siehe
Erläuterung in Fußnote 99 auf Seite 50)

Your choice of R&D facilities:

(see page 1)

Facility A: (city) _____

         (country) _____

Facility B: (city) _____

         (country) _____

Facility C: (city) _____

         (country) _____

Facility D: (city) _____

         (country) _____

Facility E: (city) _____

         (country) _____

Facility F: (city) _____

         (country) _____

Anhang 2: Dendrogramm

Dendrogram using Ward Method

Rescaled Distance Cluster Combine

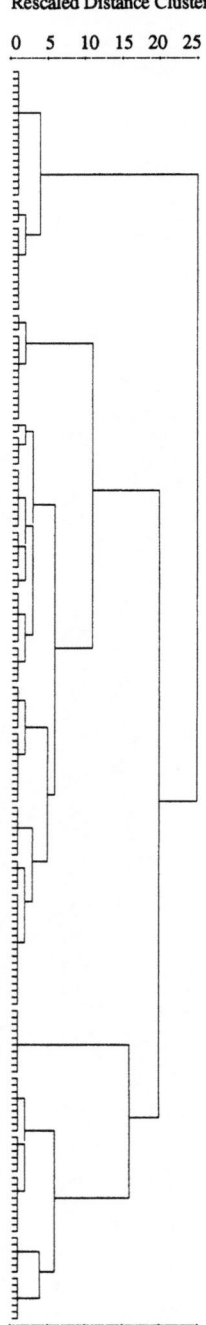

Anhang 3: Gesprächsleitfaden für Interviews in Großbritannien

INTERVIEWS AT HEADQUARTERS OF BRITISH MULTINATIONALS

August 1991

PART 0: **Introductory questions to companies that have not yet participated in the questionnaire survey**

1. Location, year of establishment, mode of establishment (acquired vs. built from scratch) and industry of overseas R&D facilities

2. Type of R&D (% budget):
>   basic
>   applied
>   development/engineering
>   scanning

3. Orientation: work geared towards local, regional, global market

	not at all			exclusively	
local	1	2	3	4	5
regional	1	2	3	4	5
global	1	2	3	4	5

PART 1: **Introductory questions**

1.Have you worked in an overseas R&D facility yourself?
>   no   yes
>   how long / where

2. Some national subsidiaries in your company may have relatively advanced physical resources and organisational capabilities. Some others in contrast, may not have such resources and capabilities to the same extent. On a scale of 1(low) to 5(high), rate the overall technological and managerial capabilities of your national subsidiaries in each of the following countries:

3. Suppose the annual operating budget of each of the following national subsidiaries of your company were reduced by 10%. How significantly would their operations be affected? Circle the appropriate number between 1 to 5 using the following code:

> 1: output will not be affected
> 2: fall in output will be below 10%
> 3: output may fall by about 10%
> 4: output will fall by more than 10%
> 5: output may fall by 20% or more

PART II: Planning

1. Who is the head of the R&D facility reporting to?

> subsidiary CEO
> HQ R&D
> division head subsidiary
> division head HQ

2. To what extent is subsidiary involved in planning process? objectives and budget

> not   exclusively
> 1   2   3   4   5

3. A decentralised information collection is good, but don't you need a central organisation that assembles all the pieces of information and analyses it ?

4. Different national subsidiaries in your company may enjoy different levels of autonomy for deciding their own strategies and policies. On a scale of 1(very low autonomy) to 5(very high autonomy), rate the extent of autonomy enjoyed by each of the following national subsidiaries.

5. The extent to which policies and systems are formalized may vary within the company, being different for different national subsidiaries. On a scale of 1(low formalization) to 5(high formalization), rate the extent of formalization of policies and systems (through instruments such as manuals, standing orders, standard operating procedures, etc.) in each of the following national subsidiaries.

PART III: Communication

1. In the course of your work you may be involved in face-to-face interaction with company personnel outside of Britain. How many full day equivalents did you spend in the last 12 months in such gatherings in each of the following:

        a. participating in committees, teams or task forces

        b. attending meetings and conferences

        c. attending training programs

2. To what extent are you using the following electronic media (1=not at all, 5=very frequently) and do you think these media adequately replace face-to-face communication?

	not at all frequently	agree disagree
video conferencing	1 2 3 4 5	1 2 3 4 5
computer conference	1 2 3 4 5	1 2 3 4 5
electronic mail	1 2 3 4 5	1 2 3 4 5
others	1 2 3 4 5	1 2 3 4 5

3. Certain national subsidiaries may be interacting with headquarters much more frequently than others. On a scale of 1(low level of interaction with HQ managers) to 5(high level of interaction with HQ managers), rate the average level of interaction with the headquarters for each of the following national subsidiaries.

4. Suppose a new product, process or system has been developed either at the headquarters or in a particular national subsidiary. Also suppose that according to you, this innovation can and should be adopted by other national subsidiaries. How difficult will it be to diffuse that innovation to each of the following national subsidiaries? Rate on a scale of 1(not difficult at all) to 5(very difficult).

PART IV: **A.** **Evaluation / success factors** **(if possible, consider only the overseas R&D facilities)**

1. To what extent did the results, which the foreign R&D facility achieved over the last three years, meet the expectations?

$$0 \quad 25 \quad 50 \quad 75 \quad 100 \quad 125$$

2. How / On which basis do you evaluate the overseas R&D facilities (which elements are taken into account)?

3. What share of the total spending of the foreign R&D facility would you expect to find is being wasted?

B. **Management of foreign R&D**

1. If your companies' R&D efforts are having less than the desired impact on the bottom line, is the shortfall primarily attributable to:

 a. pursuit of the wrong objectives?
  not at all   to a large extent
   1   2   3   4   5   6   7

 b. inefficiency, i.e. the costs of the process are too high compared with the output?
  not at all   to a large extent
   1   2   3   4   5   6   7

 c. slow time to market: we pursued the right objectives and the cost was acceptable, but the results came too late?
  not at all   to a large extent
   1   2   3   4   5   6   7

2. Is your company hurrying to "catch up" with technological developments that affect key areas of the business?

not at all   to a large extent

1   2   3   4   5   6   7

If question 2 is more applicable than not, from where do the competitors you are trying to catch originate?

USA

Germany

W. Europe

Japan

Others

3. It is often argued that R&D projects fail because of communication and coordination problems. To what extent are the statements below applicable in your company?

a. The R&D staff's understanding ot the market is too limited.

not at all   to a large extent

1   2   3   4   5   6   7

b. Researchers have many good ideas that are not pursued.

not at all   to a large extent

1   2   3   4   5   6   7

c. Many of our successful projects were bootlegged; i.e. researchers pursued non-approved or officially discontinued projects.

not at all   to a large extent

1   2   3   4   5   6   7

d. Too often, we introduce "egg-laying wool-milk-cows" (products that try to do too much) into the market.

not at all   to a large extent

1   2   3   4   5   6   7

4. If you lean toward agreement with one or more of the statements in question 3 above, what are the primary reasons?

    a. Although we start development with a clear product concept, too many compromises are made during the decision and development process.

        agree   disagree
        1   2   3   4   5   6   7

    b. The developers can't stop tinkering with the product.

        agree   disagree
        1   2   3   4   5   6   7

    c. The flow of information between groups depends largely on personal relationships.

        agree   disagree
        1   2   3   4   5   6   7

    d. There is too little information and feedback from marketing before and during product development.

        agree   disagree
        1   2   3   4   5   6   7

PART V: General Info

A.   Name and address of R&D facility in Germany (or on the continent)

B.   R&D manager I could contact in Germany:

C.   Which issues in global R&D management do you think need more attention in research ?

Stichwortverzeichnis

MIX
Papier aus verantwortungsvollen Quellen
Paper from responsible sources
FSC® C105338

If you have any concerns about our products,
you can contact us on
ProductSafety@springernature.com

In case Publisher is established outside the EU,
the EU authorized representative is:
Springer Nature Customer Service Center GmbH
Europaplatz 3, 69115 Heidelberg, Germany

Printed by Libri Plureos GmbH
in Hamburg, Germany